Peter Kürsteiner
Allgemeinwissen für immer merken

PIPER

Zu diesem Buch

Die größten Städte, die höchsten Berge, Hauptstädte, Bundesländer, die Namen bedeutender Herrscher sowie wichtige historische Daten, bekannte Gemälde und ihre Erschaffer, aber auch die Fußballweltmeister der vergangenen Jahre: Es gibt einfach Dinge, »die weiß man« – und hat sie im entscheidenden Moment oft doch nicht parat. Peter Kürsteiner schafft Abhilfe und versammelt in diesem Buch das wichtigste Allgemeinwissen aus den Bereichen Geografie, Geschichte, Politik, Wissenschaft und Kulturgeschichte. Dabei zeigt er, wie wir es uns mit einer einfachen und unterhaltsamen Methode für immer merken können: Kleine Geschichten, die die einzelnen Wissensbausteine miteinander verknüpfen, schaffen aus trockenem Faktenwissen spannende und lustige Erzählungen, die sich tief in unserem Gedächtnis einprägen.

Peter Kürsteiner, geboren 1968, ist professioneller Gedächtnistrainer und Gründer eines der größten deutschen Denksportportale denksport.de. Bei seinen zahlreichen Auftritten und Vorträgen unterhält er sein Publikum mit spielerischen Methoden, die erstaunlich leicht erstaunlich viel Wissen vermitteln.

Peter Kürsteiner

Allgemeinwissen für immer merken

Die ultimative Methode des Gedächtniscoachs

Mehr über unsere Autoren und Bücher:
www.piper.de

MIX
Papier aus verantwortungsvollen Quellen
FSC® C083411

Originalausgabe
1. Auflage Januar 2013
4. Auflage Mai 2017
© Piper Verlag GmbH, München/Berlin 2013
Umschlaggestaltung: Bauer + Möhring, Berlin
Umschlagabbildung: iStockphoto
Satz: Kösel Media GmbH, Krugzell
Gesetzt aus der Minion Pro
Druck und Bindung: CPI books GmbH, Leck
Printed in Germany   ISBN 978-3-492-30080-3

Inhalt

	Vorwort	7
1	**Einstieg in die Mnemotechnik und einiges zum Allgemeinwissen**	10
	Die Ostfriesischen Inseln	13
	Die Planeten unseres Sonnensystems	13
	Die fünf Säulen der Gesundheit nach Hippokrates	14
	Die sieben Weltwunder der Antike	15
	Deutsche Bundesländer	18
	Landeshauptstädte	21
	Die Zehn Gebote	23
	Sternzeichen endlich kennen	26
	Infos langfristig merken	30
2	**Geografie**	34
	Kontinente und Ozeane	35
	Gebirge und Berge	37
	Länder und Städte	48
	Flüsse und Seen	61
	Bedeutende Wüsten der Erde	71
	Regionen von Österreich und Italien	73
3	**Geschichte und Politik**	78
	Perioden der Menschheitsgeschichte	79
	Ägyptische Pharaonen	81
	Berühmte Herrscher der Antike	83
	Große Herrscher des Mittelalters	84
	Die Geschichte Deutschlands	86
	Deutsche Bundeskanzler	88

Deutsche Bundespräsidenten	89
Die G-8-Staaten	91
4 Kultur	**93**
Olympische Götter	93
Schriftsteller, Dichter, Wortschöpfer	100
Die bekanntesten Grimm-Märchen	104
Fünfzehn Komponisten	105
Nummer-1-Hits der deutschen Charts	107
Pseudonyme – wie Prominente wirklich heißen	111
Wissenswertes aus der Bildenden Kunst	115
Philosophen von der Antike bis heute	117
Deutsche Erfindungen	123
Die wichtigsten Fremdwörter	127
5 Allgemeinwissen für Reisende	**132**
Die sieben neuen Weltwunder	133
Wie man Namen von Bauwerken abspeichert	134
Deutsche Sehenswürdigkeiten	141
Sehenswürdigkeiten in Europa	145
Sehenswürdigkeiten in Amerika	149
Sehenswürdigkeiten in Asien und Australien	150
Sehenswürdigkeiten in Afrika	151
6 Zahlen, Daten, Fakten langfristig merken	**154**
Zahlen behalten mit Methode	155
Die wichtigsten Ereignisse im 20. Jahrhundert	162
Noch mehr relevante Geschichtsdaten	170
Wissenswertes über den Menschen	175
Wann wurde welches Land Fußball-Weltmeister?	177
Daten und Fakten über Tiere	179
Geografische Daten und Fakten	182
Eine persönliche Bemerkung zum Schluss	**188**
Dank	**189**
Literatur und Internetadressen	190
Bildnachweis	192

Vorwort

Haben Sie sich manchmal gewünscht, Sie hätten mehr Allgemeinwissen? Am besten natürlich, ohne dafür größeren Lernaufwand betrieben zu haben! Haben Sie schon häufiger andere dafür bewundert, dass sie Daten und Fakten mit Leichtigkeit gleichsam aus dem Hut zauberten?

Trifft dies zu, dann haben Sie genau zu dem richtigen Buch gegriffen. Es hat den Anspruch, Ihnen wertvolles und interessantes Allgemeinwissen zu vermitteln, und – ganz nebenbei – möchte ich Sie bei dieser Aufgabe auch noch unterhalten.

Vielleicht fragen Sie sich, was überhaupt zum Allgemeinwissen zählt? Die sieben antiken Weltwunder? Die letzten zehn Bundeskanzler? Hauptstädte von Europa oder sogar die Staaten der USA? Und was ist mit Sport? Gehören die Länder, die in den vergangenen Jahren Fußballweltmeister wurden, zum Allgemeinwissen?

Wahrscheinlich sind Sie sich selbst nicht ganz sicher. Bei einigen Fragen werden Sie vermutlich mit einem Ja geantwortet haben, bei anderen mit einem Nein. Bei der Auswahl habe ich mich danach gerichtet, welche Themen bei der Recherche immer wieder auftraten, welche Anregungen ich von meinen Seminarteilnehmern erhielt oder was mir selbst sehr gut gefallen hat. Die Inhalte wurden so ausgesucht, dass Sie als Leser ein überdurchschnittliches Allgemeinwissen erlangen werden.

Das Besondere an diesem Buch ist die Methode, die ihm zugrunde liegt. Der Text besteht größtenteils aus unterhaltsamen Geschichten, und die Aneignung von Wissen passiert praktisch ohne Anstrengung. Seit über zwanzig Jahren praktiziere ich diese Technik, Tausende von Seminarteilnehmern haben davon profitiert. Auf den ersten Blick erscheinen manche Geschichten umständlich und teils sehr merkwürdig, die Nebenwirkung ist aber, dass wir uns damit Wissen schneller und tiefer in unserem Gedächtnis verankern können.

Diese Methode funktioniert durch das kreative und völlig unlogische »Zusammenkleben« von Informationen, die man sich ansonsten nicht merken kann, weil es bei ihnen keinen logischen Zusammenhang gibt. So haben Namen von Bundeskanzlern, höchsten Bergen oder längsten Flüssen keinerlei Bezug von einem zum nächsten Namen. Also hilft am besten eine Eselsbrücke. Und bei großen komplexen Lerninhalten hilft eine Geschichte, die aus mehreren Eselsbrücken besteht. In der Gedächtniskunst, der Mnemotechnik, wird diese Strategie der systematischen Merkhilfen auch Kettenmethode genannt. Durch die Geschichte werden bei Ihnen im Kopf Bilder erzeugt, und diese Bildgeschichten prägen sich nachweislich viel besser und langfristiger ein als reine Informationen oder Listen.

»Das ist ja ein Umweg!«, werden Sie jetzt vielleicht sagen. Ja, das ist es, aber es ist ein Umweg, der sich rentiert. Würden Sie diese Schleife nicht machen, würden Sie die Informationen nicht so gut behalten – und auch nicht so schnell.

Die Kettenmethode mit ihren Geschichten ist aber nicht die einzige Gedächtnistechnik. Es gibt auch die der Merksätze. Dabei bildet man aus den Anfangsbuchstaben der einzuprägenden Inhalte einen Satz. N-O-S-W für die Himmelsrichtungen Norden, Osten, Süden und Westen wird für Kinder, die es lernen wollen oder sollen, zu: Nie Ohne Seife Waschen. Vermutlich kennen Sie diese Methode und auch einige vergleichbare Merksätze. Ihre Schwierigkeit besteht darin, die Merksätze ins Langzeitgedächtnis zu befördern. Dabei helfen dann wieder leicht kuriose oder verrückte Geschichten, in die die Merksätze eingebettet werden – und natürlich ihre regelmäßige Wiederholung.

Für das Merken von Zahlen gibt es mehrere Methoden. Damit es leicht und schnell funktioniert, habe ich in diesem Buch zwei Methoden ausgewählt, die die Zahlen in Bilder umwandeln. In der ersten Methode wird aus 3 beispielsweise ein Dreirad. Aus 7 die 7 Zwerge und aus 8 die Achterbahn. Die zweite Methode wandelt Ziffern in Buchstaben um. Daraus werden einprägsame Wörter, Eselsbrücken und Geschichten als Merkhilfen gebildet. Diese Methode ist besonders gut für große Zahlenmengen geeignet.

Das Buch ist so aufgebaut, dass Sie es nach den einführenden Abschnitten nach Belieben weiterlesen können, wo es Sie gerade interessiert. Sinnvoll ist es natürlich, mit dem ersten Kapitel anzufangen, weil hier der Schwierigkeitsgrad stufenweise steigt und Sie durch die ersten Erfolge Vertrauen in die Methode bekommen. Danach können Sie sich auf die komplexeren Darstellungen und Geschichten leichter einlassen.

Ich wünsche Ihnen viel Erfolg mit den Methoden und eine Bereicherung Ihres Allgemeinwissens.

Ihr Gedächtniscoach
Peter Kürsteiner

1 Einstieg in die Mnemotechnik und einiges zum Allgemeinwissen

Wichtig ist, dass Sie zunächst dieses Kapitel lesen, bevor Sie sich an die anderen Hauptkapitel wagen. Schrittweise will ich Sie an die wichtigste Methode der Gedächtniskünstler heranführen, an die Mnemotechnik. Dabei werden Informationen in bildhafte Geschichten umgewandelt, weil wir uns, wie gesagt, diese Art von Geschichten viel leichter und schneller merken können als abstrakte Informationen. Auf den ersten Blick erscheinen sie zwar unlogisch, dennoch folgen sie einer klaren Struktur, damit sie sich direkt und so tief wie möglich in unserem Gedächtnis verankern.

Einer der wichtigsten Aspekte ist der »Auslöser«. Das ist das Stichwort, welches als Zünder für den Rest der Informationen dient. Wollen wir uns die Präsidenten von Amerika merken, ist ein Begriff wie »Weißes Haus« ein guter Auslöser. Lernen wir etwas über Paris, könnte das Wort »Eiffelturm« als Auslöser dienen. Wer die längsten Flüsse behalten will, nimmt sich das »Boot« vor, bei Namen von Bergsteigern könnte »Reinhold Messner« dienlich sein. Damit Sie sofort auf den jeweiligen Auslöser kommen, habe ich sie so einfach wie möglich gewählt. Auch habe ich darauf geachtet, dass jeder Auslöser nur ein einziges Mal vorkommt.

Neben dem Auslöser ist die Technik der Verknüpfung ein maßgeblicher Garant für den Merkerfolg. Damit sich Geschichten gut einprägen und problemlos auch wieder in Erinnerung kommen, ist entscheidend, wie wir mehrere Gegenstände miteinander verketten. Ein Gegenstand sollte immer nur mit dem nächsten verbunden werden, also vom ersten Gegenstand sollte es zum zweiten gehen, vom zweiten zum dritten, vom dritten zum vierten und so weiter. Logischer erscheint es manchmal, diese Reihenfolge zu verlassen. Doch die strikte Vorgehensweise hat sich in der Praxis bewährt. Die Geschichten sind längerfristiger in der richtigen Reihenfolge abrufbar.

Das klingt jetzt vielleicht etwas kompliziert, ist es aber nicht. Es ist einfach ungewohnt.

Was Sie selbst bei der Methode beachten sollten: Die Geschichten prägen sich sofort im Kurzzeitgedächtnis ein, das heißt, nach ein paar Stunden, ja, sogar nach ein bis zwei Tagen haben Sie diese noch präsent. Sollten Sie sie nach dieser Zeitspanne aber nicht mehr wiederholen, werden sie aus Ihrem Gedächtnis verschwinden. Es ist daher ganz wichtig, dass Sie die Geschichten mit den Merkinhalten, die Ihnen wichtig sind, öfter wiederholen. Zum Beispiel, indem Sie Familienmitglieder, Freunde oder Bekannte mit Ihrem Wissen begeistern.

Prüfen Sie aber vorher, wem Sie – neben dem neuen Wissen – auch die Eselsbrücken erzählen, die »merkwürdigen« Geschichten. Diese werden den meisten ohne Vorwarnung doch etwas sonderbar vorkommen. Nicht, dass man Sie am Ende etwas befremdlich anschaut. Konzentrieren Sie sich daher bei der Weitergabe lieber auf die Fakten. Dann sparen Sie sich komplizierte Erklärungsversuche und komische Blicke.

Ungeübten Lesern, die auf diese Weise ihre Kreativität nur wenig trainiert haben, erscheint eine derartige Herangehensweise erst einmal umständlich. Das liegt daran, dass die bildhafte Verknüpfung wenig trainiert wird, auch nicht häufig in Schulen. Alle Gedächtniskünstler verwenden jedoch solche Methoden, und genauso können Sie damit Ihr Allgemeinwissen vergrößern.

Folgende Methoden habe ich ausgewählt, um Ihnen das Allgemeinwissen leichter zu vermitteln:

Auslösermethode	Stichwörter (Auslöser) werden genutzt, um bestimmte Informationen daran zu verankern.
Kettenmethode	Mehrere Wörter, Begriffe oder Namen werden kreativ durch eine Geschichte miteinander verbunden.
Loci-Methode	An festen Orten werden bestimmte Informationen geistig verankert. So kann beispielsweise an einem bestimmten Teil eines Gebäudes sein Name angeheftet werden.
Schubladenmethode	An sogenannte Schubladen (Auslöser) werden neue Informationen »gehängt«. So könnten die 7 Zwerge eine »Schublade« für die siebte Information sein, etwa das Siebte Gebot der Bibel: »Du sollst nicht stehlen.«
Merkwort-Methode	Aus den Anfangsbuchstaben mehrerer Wörter wird ein Merkwort gebildet.
Merksatz-Methode	Aus den Anfangsbuchstaben mehrerer Wörter wird ein Merksatz gebildet.

Am häufigsten wird die Kettenmethode verwendet. Lassen Sie sich auf alle Methoden ein, und bei den »verrückten Geschichten« denken Sie erst später darüber nach, was für einen Sinn sie haben könnten. Genießen Sie die Unterhaltung mit der »Nebenwirkung Allgemeinwissen«.

Wir steigen ein mit der Merksatz-Methode, bei der aus mehreren Wörtern die Anfangsbuchstaben zu einem Merksatz zusammengesetzt werden. Dieser Merksatz prägt sich schneller und leichter ein als die Informationen selbst. Versuchen Sie es an diesem Beispiel:

Die Ostfriesischen Inseln

Ein ostfriesischer Reiseleiter begrüßt die Touristen mit der Frage: »Welcher Seemann liegt bei Nanni im Bett?« Alle Touristen wundern sich über diese seltsame Begrüßung, doch keiner der Angesprochenen reagiert. Der Reiseleiter wiederholt: »Welcher Seemann liegt bei Nanni im Bett?« Erneut erhält er keine Antwort. Dann beginnt er, die Besonderheiten der einzelnen Ostfriesischen Inseln zu erläutern. Er fängt an mit Wangerooge, danach kommt Spiekeroog, schließlich Langeoog, und so weiter. Erst am Ende löst der Reiseleiter auf, dass alle Anfangsbuchstaben seiner Begrüßungsfrage mit den Ostfriesischen Inseln korrespondieren.

Satz	Insel
Welcher	Wangerooge
Seemann	Spiekeroog
Liegt	Langeoog
Bei	Baltrum
Nanni	Norderney
Im	Juist
Bett	Borkum

Die Tatsache, dass bei Juist etwas gemogelt wurde, störte keinen der Touristen.

Die Planeten unseres Sonnensystems

Die gleiche Methode funktioniert bei unserem Planetensystem. Der Merkur ist dem Sonnenrand am nächsten, am weitesten entfernt ist der Neptun. Dazu gibt es einen Merksatz, den man einfach nicht vergessen kann:

Merksatz	Planeten
Mein	Merkur
Vater	Venus
Erklärt	Erde
Mir	Mars
Jeden	Jupiter
Sonntag	Saturn
Unseren	Uranus
Nachthimmel	Neptun

Auch hier ist wichtig, dass Sie den Satz so bald wie möglich wiederholen, wenn Sie die Planeten im Kopf behalten wollen.

Die fünf Säulen der Gesundheit nach Hippokrates

Weiter geht es mit der Auslösermethode. Wir verwenden im nächsten Beispiel die fünf Finger einer Hand als Auslöser, was funktioniert, wenn jeder Finger in einer gewissen Haltung eine andere Bedeutung hat:

Beim samstäglichen Einkaufsbummel erregte ein Obst- und Gemüseverkäufer die Aufmerksamkeit einer Marktbesucherin. Der Mann sprang aufgeregt an seinem Stand herum und stellte mit seiner Hand eindrucksvolle Posen dar. Er streckte vor seinem Marktstand mit **frischen Produkten** *aus der Region seinen* **Daumen** *nach oben und sagte: »Gute Produkte«, danach deutete er mit dem* **Zeigefinger** *auf die Leute im* **Umfeld** *und behauptete, auch sie seien für seine Gesundheit verantwortlich. Mit erhobenem* **Mittelfinger** *betonte er, dass man sich Zeit für* **Entspannung** *nehmen sollte und deshalb dem* **Stress** *ruhig mal den Mittelfinger zeigen dürfe. Den* **Ring** *vom* **Ringfinger** *hielt er sich an die* **Stirn***, als* *würde er gerade* **an etwas Schönes denken,** *und abschließend demonstrierte er eindrucksvoll, dass man den* **kleinen Finger** *kaum alleine* **bewegen** *kann. Danach lüftete er das Geheimnis, dass er nun alle Finger einer Hand mit den wichtigsten Säulen der Gesundheit nach Hippokrates verbunden hatte.*

Auslöser	Säule der Gesundheit
Daumen – am Marktstand nach oben weisend	Gute Produkte, gute Lebensmittel
Zeigefinger – aufs Umfeld gerichtet	Gesunde Umwelt, gesundes Umfeld
Mittelfinger – dem Stress	Entspannung
Ringfinger – den Ring an die Stirn haltend	Schöne Gedanken
Kleiner Finger – alleine bewegen	Bewegung

Die Marktbesucherin war verwundert, als sie noch nach zwei Tagen die Säulen der Gesundheit wusste, wenn sie auf ihre einzelnen Finger schaute. Wie von selbst entstanden in ihrem Kopf immer wieder die Bilder vom Marktschreier und seinen Gesten.

Die sieben Weltwunder der Antike

Es folgt nun die Kettenmethode. Dabei werden die wichtigsten Stichwörter zu einer Kette zusammengesetzt. Je weniger Sie über den Sinn nachdenken und sich einfach auf die Geschichte einlassen, umso leichter prägen sich die Geschichte und die damit verbundenen Lerninhalte ein:

In ihrem Urlaub besuchte ein Ehepaar die **Pyramiden von Gizeh** *nahe Kairo. Unglaublich riesige Bauwerke waren das, die schon vor rund 2500 Jahren vor Christus entstanden waren. Aus dem Staunen kamen sie kaum* *heraus. Und wie klein müssen die Menschen früher gewesen sein – die Gänge waren nur gebückt begehbar.*

In der darauffolgenden Nacht hatte die Ehefrau einen seltsamen Traum:

Sie befand sich zwischen den **Pyramiden***, und auf einmal stand ein* **riesiger Kerl** *vor ihr. Ein richtiger Koloss. Dieser wuchs aber noch weiterhin und wurde zu einer zwölf Meter hohen Bronzestatue, die ganz hell strahlte, wenn die Sonne sich in ihr spiegelte. Der Gigant sprach zu ihr und behauptete, er sei ein Abbild des Sonnengottes Helios und sei 305 vor Christus errichtet worden, nachdem Helios Rhodos vor der Eroberung bewahrt habe. Man nenne ihn seitdem den* **Koloss von Rhodos***. Dann sprang er mit einem riesigen Satz direkt in die* **stufenweise angeordneten Gärten***, die im Irak beheimatet waren und als »hängende Gärten« bezeichnet wurden. In einem dieser Gärten befand sich eine* **Statue von Zeus***, die plötzlich zum Leben erwachte, da sie immer wieder von einem Licht geblendet wurde. Es war das Licht eines* **Leuchtturms***, eines riesigen Leuchtturms, der in Ägypten seine Heimat hatte, in der Nähe von Alexandria, auf der Insel Pharos. Mit einer Lanze in der Hand stolzierte die zwölf Meter große Statue des Zeus zum Leuchtturm und löschte mit der Waffe das Licht. Der Leuchtturm fiel daraufhin auf den* **Tempel der Jagdgöttin Artemis***. In der größten Tempelanlage der Antike fand gerade eine Treibjagd statt, und alle, die die Jagd nicht überlebten, wurden in das* **Grab des Königs Mausolos** *gebracht – eine Grabstätte, wo die Mäuse los (Mausolos) waren. Die Ehefrau schaute sich um und stellte auf einmal fest, dass sie sich in der heutigen Türkei befand.*

Als sie erwachte, wunderte sie sich über die verrückte Geschichte, die nochmals flüchtig an ihr vorbeihuschte. Angefangen hatte es bei der Pyramide, dann trat der Koloss in Erscheinung, der in die Gärten sprang, danach kam die Statue von Zeus mit der Lanze ins Spiel, weiter die Lanze, die den Leuchtturm zum Einsturz brachte. Der wiederum fiel auf den Tempel, und von dort wurden die Toten zu der Grabstätte gebracht.

Als sie ihrem Ehemann ihren Traum erzählte, machte er große Augen. Er hatte sofort begriffen, dass diese verrückte Geschichte alle sieben antiken Weltwunder enthalten hatte:

Pyramiden	Die Pyramiden von Gizeh gehören zu den sieben Weltwundern, gleichzeitig dienen sie als Auslöser für die Geschichte.
Riesiger Kerl	Der Koloss von Rhodos
Stufenweise angeordnete Gärten	Die hängenden Gärten der Semiramis zu Babylon
Zeus	Die Zeusstatue des Phidias von Olympia
Leuchtturm	Leuchtturm auf der Insel Pharos vor Alexandria
Tempel	Der Tempel der Artemis in Ephesus
Grab	Das Grab des Königs Mausolos

Die Ehefrau war begeistert von ihrem neu erlangten Allgemeinwissen. Der Reiseleiter wies noch darauf hin, dass von den sieben Weltwundern die Pyramiden von Gizeh am besten erhalten sind und alle anderen nur als Ruinen oder sogar überhaupt nicht mehr existieren.

Konnten Sie sich die Geschichte gut merken? Ich habe die Reihenfolge der sieben antiken Weltwunder gegenüber der üblichen Auflistung in der Literatur geändert, weil die Pyramiden ein guter Auslöser sind. Wichtiger als die korrekte Reihenfolge war mir, dass Sie sich sofort an den Auslöser erinnern und die Geschichte leichter merken können. Zur Speicherung im Langzeitgedächtnis bitte an die rechtzeitige Wiederholung denken.

Deutsche Bundesländer

Um die Kettenmethode zu festigen, folgt jetzt ein Beispiel mit einer etwas längeren Verknüpfungskette. Wichtig ist, dass Sie sich beim Einprägen dieser einzelnen Kettenglieder voll auf die Geschichte konzentrieren und die Bilder vor Ihrem geistigen Auge sehen – so als würden Sie selbst einen Film drehen wollen und hätten das Drehbuch schon im Kopf ausgearbeitet. Je bildhafter Ihre Vorstellung, umso leichter wird sich Ihnen die Geschichte einprägen. Nach dem ersten Einprägen kann es ein, zwei Lücken geben. Dann ist wichtig, dass Sie diese nicht nur wahrnehmen, sondern die Kette an der jeweiligen Stelle durch erneutes Vorstellen der Verbindung »reparieren«:

Tim kommt nach Hause. Er ist genervt, weil er sich alle Bundesländer für die Schule merken soll. Seine Mutter, der er von dieser lästigen Aufgabe erzählt, weiß, dass Tim gern Geschichten hört. So verpackt sie einfach die sechzehn Länder der Bundesrepublik in eine spannende und total verrückte Geschichte. Tim ist völlig erstaunt, dass er sich die Namen der Länder sofort merken konnte, schon nach dem ersten Hören der Geschichte. Am nächsten Tag berichtet er voller Begeisterung seinen Mitschülern, die sich trotz intensiver Lernanstrengungen die Bundesländer bisher einfach nicht vollständig merken konnten, von dieser Erfahrung. Jeder will nun die Geschichte von Tims Mutter hören.

»Es fängt an mit einer Landkarte«, erklärt Tim. »Wichtig ist, dass ihr jetzt nur zuhört und erst später die Zuordnung der Bundesländer herstellt. Sonst seid ihr abgelenkt, und es funktioniert nicht mehr so gut. Wenn ihr euch die Sachen auch noch bildhaft ausmalt, statt nur die Ohren zu spitzen, prägen sie sich ganz von selbst ein.

*Also, stellt euch einfach eine Landkarte vor, die ihr in Händen haltet. Diese gebt ihr einer **Frau im Dirndl**, so wie ihr sie vom Oktoberfest her kennt. Diese Frau setzt sich jetzt **nieder** und will **baden**. Dann schaut sie nach **Norden** und entdeckt eine **Burg**, die **brennt**. Aus der brennenden Burg kommen auf einmal Leute heraus, die alle **meckern**. Ist ja klar, wenn die Burg brennt, aber sie meckern auch, weil sie etwas essen wollen. Sie rufen: ›Wir **wollen essen!** Wir wollen essen!‹ Plötzlich halten sie an, weil ein **Anhalter** da steht. Er sagt: ›Schauen Sie bitte in diesen Fluss, den **Rhein rein!**‹, was alle bereitwillig machen. Dort schwimmen lauter **Sachen**. Große und kleine Sachen. Eine solche Sache ist eine **Tür**. Sie holen diese Tür aus dem Wasser und stellen fest, dass dort ein **hohler Stein** eingebaut ist. Durch diesen kann man wie durch einen Spion schauen. Alle schauen nun durch und sehen ein Land. Jemand fragt: ›Was hast du gesehen?‹ – ›Ich **sah das Land!**‹, hört man alle im Chor rufen. Auf dem Land wächst auf einmal ein riesiger **Berliner**, was schon sehr erstaunlich aussieht. Und danach erscheint jemand, schneidet den Berliner auf, legt eine Scheibe Fleisch zwischen beide Hälften und behauptet: ›Jetzt ist es ein **Hamburger!**‹ Den Hamburger bekommt ein vorbeiziehender **Stadtmusikant!** Der freut sich, bedankt sich und zieht weiter.«*

»*Das ist aber eine verrückte Story!*«, bemerken die Mitschüler, nachdem Tim seine Ausführungen beendet hat. »*Und was soll diese Geschichte mit den Bundesländern zu tun haben?*«

»*Bevor ich euch das verrate, will ich zunächst mal wissen, ob ihr die Geschichte auch richtig verstanden habt*«, antwortet Tim.

Die Schüler machen große Augen, doch dann wiederholen sie gemeinsam die Geschichte in Stichworten:

»Es fängt an mit einer Landkarte, Frau im Dirndl, setzt sich nieder, will baden, schaut nach Norden, da brennt eine Burg, Leute meckern, wollen essen, Anhalter, schauen in den Rhein, dort schwimmen Sachen, Tür, hohler Stein, sah das Land, großer Berliner, Hamburger, Stadtmusikant.«

Tim hat die Begriffe in Form einer Tabelle flink an das Whiteboard geschrieben. Alle sind vollkommen erstaunt, dass sie sich die Geschichte so schnell merken konnten. Jetzt wollen sie die Auflösung! Gemeinsam gehen sie die Stichworte durch und ordnen diese den Bundesländern zu:

Landkarte	Auslöser für die Bundesländer
Frau im Dirndl	Bayern
Setzt sich nieder	Niedersachsen
Will baden	Baden-Württemberg
Schaut nach Norden	Nordrhein-Westfalen
Eine Burg, die brennt	Brandenburg
Leute meckern	Mecklenburg-Vorpommern
Wollen essen	Hessen
Anhalter	Sachsen-Anhalt
Rhein	Rheinland-Pfalz
Sachen	Sachsen
Tür	Thüringen
Hohler Stein	Schleswig-Holstein
Sah das Land	Saarland
Berliner	Berlin
Hamburger	Hamburg
Stadtmusikant	Bremen

Zum Schluss verrät Tim seinen Klassenkameraden, dass die Bundesländer auch noch der Größe nach geordnet sind, es beginnt mit dem größten Bundesland Bayern und endet beim kleinsten Land, nämlich Bremen.

Landeshauptstädte

Wollen Sie die Landeshauptstädte der sechzehn deutschen Bundesländer in wenigen Minuten lernen? Dann habe ich für dieses Unterfangen hier einige Merkhilfen für Sie. Die Länder dienen als Auslöser, und die Merkhilfe liefert die Landeshauptstadt. Haben Sie sich die Eselsbrücken eingeprägt, können Sie die Richtung natürlich auch umdrehen: Sie kommen dann von der Landeshauptstadt leicht auf das Bundesland:

Bundesland	Merkhilfe	Landeshauptstadt
Bayern	Der Fußballverein **Bayern München**	München
Niedersachsen	Wenn es **nieder** geht mit den **Sachsen**, dann haben sie einen **Hangover**.	Hannover
Baden-Württemberg	Beim **Baden** auf einem **wüsten Berg** bekam die **Stute** die **Gerte**.	Stuttgart
Nordrhein-Westfalen	Im **Norden** im **Rhein** und im **Westen fallen Düsen** ins **Dorf**.	Düsseldorf
Brandenburg	Neben der **brennenden Burg** steht ein **Pott** auf einem **Damm**.	Potsdam
Mecklenburg-Vorpommern	Beim **Meckern** in der **Burg** sind alle **schwer in** Fahrt.	Schwerin
Hessen	Zuerst **essen**, dann auf die **Wiese** zum Sonnen**baden**.	Wiesbaden
Sachsen-Anhalt	Ohne **Sachen** geht der **Anhalter** zur **Magd** in die **Burg**.	Magdeburg
Rheinland-Pfalz	Das **Rheinland** ist jedenfalls **meins**.	Mainz
Sachsen	Viele **Sachen** sind zum **Drehen**.	Dresden
Thüringen	Beim **Ringen** an der **Tür**, also beim **Türringen**, löste sich ein **ehrlicher Furz**.	Erfurt
Schleswig-Holstein	**Schließlich** rollte der **hohle Stein** gegen den **Kiel**.	Kiel

Bundesland	Merkhilfe	Landes-hauptstadt
Saarland	Im **Saarland** führen über die **Saar** viele **Brücken**.	Saarbrücken
Berlin	**Berlin** bleibt **Berlin**.	Berlin
Hamburg	**Hamburg** bleibt **Hamburg**.	Hamburg
Bremen	**Bremen** bleibt **Bremen**.	Bremen

Eine andere Möglichkeit ist, dass Sie sich die Landkarte bildhaft einprägen, um die Bundesländer vom Norden Deutschlands bis in den Süden, Westen in den Osten (oder umgekehrt) richtig zuzuordnen. Im zweiten Schritt können Sie die Hauptstädte hinzunehmen.

Die sechzehn Länder der Bundesrepublik Deutschland

Die Zehn Gebote

Nach dem folgenden Kapitel werden Sie nicht nur wieder die Zehn Gebote präsent haben, sondern wissen auch noch, welches Gebot an welcher Stelle steht.

Dafür ist notwendig, dass Sie die Zahlen 1, 2, 3 ... bis 10 in klare Auslöserbilder umwandeln. So verwenden wir beispielsweise die 5 Finger einer Hand für das Auslöserbild »Hand« als 5. Auslöser. Mit der Hand können Sie dann die Kerninformation des 5. Gebots: »Du sollst nicht töten!« verbinden. Sie können sich auf diese Weise vorstellen, dass jemand die Hand zur Faust schließt, um jemanden zu töten – natürlich nur zum Einprägen des Fünften Gebots.

Viele Erwachsene haben die Zehn Gebote längst vergessen, auch wenn sie Christen sind. Vielleicht möchten Sie sich diese aber einfach nur wieder in Erinnerung rufen, weil sie zur christlichen Kultur gehören – oder Sie haben eine Tochter oder einen Sohn, die/der die Gebote im Konfirmandenunterricht lernen muss. Daraus ergibt sich gleich die nächste Geschichte:

Der Pfarrer trat vor seine Konfirmanden, begrüßte sie und meinte, dass sie in dieser Stunde die Zehn Gebote behandeln würden. Und um sich diese zu merken, gäbe es eine besondere Technik. Zunächst erklärte er den Jugendlichen, was Auslöserbilder sind, dann gab er ihnen für die Zahlen von 1 bis 10 solche an die Hand, damit sich die Konfirmanden diese einprägen konnten.

Zahl	Auslöserbild
1	Siegerpodest
2	Zwei Personen, die sich sehr ähnlich sehen: **Zwillinge**
3	**Dreieck** als Symbol für die Dreifaltigkeit: Gott Vater, Gottes Sohn, Heiliger Geist
4	**Vier Augen** – die Augen der Mutter und des Vaters

Zahl	Auslöserbild
5	Fünf Finger an einer **Hand**
6	Sechs wird wie **Sex** ausgesprochen
7	**Wochenkalender:** die sieben Tage der Schöpfung
8	In **Acht** nehmen vor …
9	**Freun** über
10	Etwas **stehn** lassen

Nach einer kurzen Wiederholung, um sicherzustellen, dass die Konfirmanden die Auslöser im Kopf hatten, ging es weiter mit »Kurzgeschichten« zum Einprägen der Zehn Gebote. Das Lernen des richtigen Wortlauts wurde bewusst auf den nächsten Schritt verschoben, um die volle Aufmerksamkeit für die Gebote zu haben.
Die zehn »Kurzgeschichten« des Pfarrers:

1. *Ihr seht ein* **Siegerpodest** *– und dort steht nur* **ein einziger Sieger** *drauf.*
2. *Ihr seht* **Zwillinge** *herumlaufen, die* **große Namensschilder** *tragen und die man nicht verwechseln darf.*
3. *Ihr sitzt auf einem* **Dreirad** *und macht damit einen* **Ausflug am Feiertag.**
4. *Ihr seht die* **vier Augen** *von* **eurem Vater** *und eurer* **Mutter,** *wie sie euch schützend anschauen.*
5. *Plötzlich seht ihr eine* **Hand,** *die zur* **Faust** *geballt wird und* **jemanden erschlagen** *möchte.*
6. *Eure/r Ex-Freund/in kommt vorbei und macht euch schöne Augen. Da ertönt eine Stimme, die sagt:* **»Kein Sex mit der/dem Ex.«**
7. *Dort, wo sonst der* **Wochenkalender** *hängt, ist nur ein leerer Platz. Jemand hat den Kalender* **gestohlen.**
8. *»Nimm dich in Acht!«, ertönt es. »***Nimm dich in Acht vor Leuten, die schlecht über andere reden! Nimm dich in Acht vor Lästermäulern!***«*
9. *Freun kannst du dich.* **Freun über** *dein Hab und*

Gut und auch über **das Haus des Nachbarn.** *Das ist besser als Neid.*
10. »**Lass Sie stehn**, *die Frau vom Nachbarn!*«

Dann überprüfte der Pfarrer, ob die Zuordnungen richtig gelernt wurden.

Auslöser	Merkhilfe	Gebot
Siegerpodest	Es gibt nur einen Sieger.	Das Erste Gebot: Ich bin der Herr, dein Gott. Du sollst keine anderen Götter haben neben mir.
Zwillinge	Zwillinge mit großen Namensschildern	Das Zweite Gebot: Du sollst den Namen des Herrn, deines Gottes, nicht missbrauchen.
Dreirad	Ausflug am Feiertag mit dem Dreirad	Das Dritte Gebot: Du sollst den Feiertag heiligen.
Vier Augen	Die vier Augen von Vater und Mutter schauen dich schützend an.	Das Vierte Gebot: Du sollst deinen Vater und deine Mutter ehren.
Hand	Hand zur Faust, die jemanden erschlägt	Das Fünfte Gebot: Du sollst nicht töten.
Sex	Kein Sex mit der Ex	Das Sechste Gebot: Du sollst nicht ehebrechen.
Wochenkalender	Jemand hat den Wochenkalender gestohlen.	Das Siebte Gebot: Du sollst nicht stehlen.
In Acht nehmen	Nimm dich in Acht vor Leuten, die schlecht über andere reden.	Das Achte Gebot: Du sollst nicht falsch Zeugnis reden wider deinen Nächsten.
Freun	Du sollst dich freun über das Haus des Nachbarn.	Das Neunte Gebot: Du sollst nicht begehren deines Nächsten Haus.
Stehn	Lass Sie stehn (die Nachbarin).	Das Zehnte Gebot: Du sollst nicht begehren deines Nächsten Weib, Knecht, Magd, Vieh noch alles, was sein ist.

Die Konfirmanden, die sich die Geschichten bildlich vorgestellt hatten, konnten anschließend alle Gebote auswendig aufsagen. Der Pfarrer war begeistert, seine Methode hatte funktioniert.

Sternzeichen endlich kennen

Das Lernen der Sternzeichen hat zum Ziel, dass Sie zum Geburtsdatum einer Person sofort das dazugehörige Sternzeichen kennen. Dazu brauchen Sie – wie schon zuvor – einen Auslöser. Dieser ist hier der Monat, und der Lerninhalt ist das Sternzeichen. Um es effizient zu halten, müssen Sie bei diesem Vorgehen eine gewisse Unschärfe akzeptieren.

Der Wechsel eines Sternzeichens findet immer zwischen dem 19. und dem 24. des jeweiligen Monats statt. Der Einfachheit halber merken wir uns das Sternzeichen, das die meisten Tage des Monats belegt. Im April also den Widder (vom 21. März bis zum 20. April), denn die meisten Tage dieses Sternzeichens liegen im April und nicht im März; im Mai den Stier (vom 21. April bis zum 20. Mai) und so weiter. Hat jemand nach dem 24. eines Monats Geburtstag, können Sie davon ausgehen, dass derjenige das Sternzeichen des Folgemonats hat. Bei den Tagen zwischen dem 19. und dem 24. können Sie fragen, welches der beiden möglichen Sternzeichen es ist – oder Sie können sich die genauen Wechsel auch noch in einem letzten Merkschritt einprägen.

Zuerst wandeln Sie aber die Monate in konkrete Auslöserbilder um. Dies ist notwendig, weil wir zum Verankern der Sternzeichen deutliche Bilder benötigen. Ein Maiglöckchen, das den Stier schmückt, prägt sich wie von selbst ein, da es skurril genug ist. Und der Rückschluss, von einem Maiglöckchen auf den Mai zu kommen, liegt auf der Hand. Bei den Verbindungen, die nicht ganz so selbst erklärend sind, helfen zwei bis drei Wiederholungen. Nun folgt die Geschichte:

Der Astrologe betrat den Seminarraum eines Sternezentrums. Er wollte einen Vortrag halten, in dem er die Zusammenhänge der Sternbilder mit unserem Leben erläutern wollte. Zu Beginn gab er den versammelten Zuhörern zu verstehen, dass nichts zufällig und dass das Sternzeichen mit seinem Aszendenten ein wichtiger Bestandteil unseres Lebens sei, den wir akzeptieren sollten. Weiter handelte er Monat für Monat ab und erläuterte die jeweiligen Eigenheiten. Beim Januar fing er an. »Das ist der kälteste Monat«, erklärte der Astrologe, »und er hat auch die kürzesten Nächte. Typisch für den **Januar** *ist die* **Winterlandschaft** *mit schneebedeckten Feldern, im* **Februar** *feiern wir* **Karneval***. Und das sogar fast in der ganzen Welt. Im* **März** *müssen die Bauern das* **Saatgut auf die Felder** *bringen, und sie hoffen, dass der* **April** *nicht zu* **wechselhaftes Wetter** *mit sich bringt, was ja typisch für ihn ist. Im* **Mai** *erfreuen wir uns an den* **Maiglöckchen***, und im* **Juni** *kommen* **Junikäfer***. Im* **Juli** *sind fast überall* **Ferien***, und viele genießen den* **Urlaub am Meer***.« Beim Monat August wies der Astrologe darauf hin, dass der römische Kaiser* **Augustus** *das frühere Kalendersystem durcheinandergebracht habe, indem er sich selbst einen Monat widmete. Daher komme der Name* **August***. »Im* **September** *beginnen die Bauern die* **Ernte einzuholen***«, fuhr er fort, »den* **Oktober** *kann man sich gut mit einem* **Oktopus (Tintenfisch)** *verbildlichen, und typisch für den* **November** *sind kalte graue* **Regentage***. Im* **Dezember** *feiern wir* **Weihnachten***.«*

Sitzen bei Ihnen die Assoziationen, können Sie mit dem Einprägen der Sternzeichen starten. Dazu merken Sie sich viele kurze Geschichten, die jeweils vom Auslöser ausgehen und zum Sternzeichen führen:

- Wir schauen uns in der **Winterlandschaft** im Schnee um und sehen einen **Steinbock** von Stein zu Stein springen.
- Im Karneval sehen wir auf einmal lauter Männer, die nur aus Wasser bestehen; es ist ein **Karnevalsumzug** mit ganz vielen **Wassermännern**.
- Der Bauer, der das **Saatgut** aufs Feld bringt, findet auf einmal mitten auf dem Feld lauter **Fische**.
- Wir gehen im **April** spazieren, es gibt einen **Wetterumschwung**, und ein wild gewordener **Widder** rast im Blitz umher.
- Die **Maiglöckchen** stecken wir dem **Stier an die Hörner**.
- Ein **Junikäfer** fliegt zwischen **Zwillingen** hin und her und kann sich nicht entscheiden.
- Am **Strand im Urlaub** treffen wir auf lauter **Krebse**.
- Der **Kaiser Augustus** hält sich einen **Löwen** als Haustier und spielt gern mit diesem.
- Beim **Einholen der Ernte im September** sammelt der Bauer eine **Jungfrau** auf.
- Der **Oktopus** gleicht die **Waage** mit seinen Tentakeln aus.
- Im kalten **Novemberregen** wird ein **Skorpion** völlig nass.
- Zu **Weihnachten** kommt ein **Schütze** und hilft uns beim Schießen der besten Geschenke.

Zur Verdeutlichung hier nochmals die Übersicht:

Monat	Auslöser	Sternzeichen	Merkhilfe
Januar	Winterlandschaft	Steinbock	Schnee mit Steinbock
Februar	Karneval	Wassermann	Karnevalsumzug mit Wassermännern
März	Saatgut aufs Feld	Fische	Feld mit Saatgut und Fischen
April	Wechselndes Wetter	Widder	Blitz, Donner und ein wilder Widder
Mai	Maiglöckchen	Stier	Maiglöckchen an Stierhörner

Monat	Auslöser	Sternzeichen	Merkhilfe
Juni	Junikäfer	Zwillinge	Junikäfer zwischen Zwillingen
Juli	Ferien, Urlaub	Krebs	Im Urlaub am Strand sind Krebse.
August	Augustus	Löwe	Kaiser Augustus mit seinem Löwen
September	Ernte einholen	Jungfrau	Bauer holt Ernte ein und sammelt eine Jungfrau auf.
Oktober	Oktopus	Waage	Der Oktopus gleicht die Waage aus.
November	Trüber Novembertag	Skorpion	Novemberregen fällt auf Skorpion.
Dezember	Weihnachten	Schütze	Weihnachten: Schütze hilft, Geschenke zu treffen.

Und wenn Sie es genau wissen wollen, dann haben Sie hier die exakten Daten, die Sie sich aber auf »normalem« Weg einprägen müssen:

Zeit	Sternzeichen
21. März – 20. April	Widder
21. April – 20. Mai	Stier
21. Mai – 21. Juni	Zwillinge
22. Juni – 22. Juli	Krebs
23. Juli – 23. August	Löwe
24. August – 23. September	Jungfrau
24. September – 23. Oktober	Waage
24. Oktober – 22. November	Skorpion
23. November – 21. Dezember	Schütze
22. Dezember – 20. Januar	Steinbock
21. Januar – 19. Februar	Wassermann
20. Februar – 20. März	Fische

Fazit: Bislang haben Sie einige einführende Übungen zur Erweiterung Ihres Allgemeinwissens mit unterschiedlichen Methoden kennengelernt. Sollte Ihnen alles leichtgefallen sein – keine Sorge, die nachfolgenden Kapitel werden teilweise anspruchsvoller. Manche Informationen, mit denen Sie konfrontiert werden, beinhalten Namen, die Sie vielleicht kaum aussprechen können. Je komplizierter die Eigennamen, umso anspruchsvoller werden die Geschichten. Ist ein Eigenname wie »Mecklenburg-Vorpommern« bekannt, reicht »meckern« als Auslöser, da das Bundesland selbst ja nicht mehr neu gelernt werden muss. Und von »meckern« auf »Mecklenburg-Vorpommern« zu kommen, das ist tatsächlich nicht sehr kompliziert. Bei neuen Eigennamen besteht jedoch die Schwierigkeit, dass das Wort selbst wie eine neue Vokabel gelernt werden muss. Mit etwas Übung gelingt es aber sehr gut.

Infos langfristig merken

Sicher haben Sie jetzt bereits einen Eindruck der Methoden bekommen. In diesem Buch geht es um eine riesige Menge an Daten und Fakten, und damit ist es ein eher ungewöhnliches Buch. Auch wenn ich die Auswahl so getroffen habe, dass die meisten Informationen spannend sein könnten, ist es nicht entscheidend, dass Sie sich jeden Inhalt merken. Gehen Sie bei der Wissensaufnahme selektiv vor. Suchen Sie sich die Dinge heraus, die Sie wirklich interessieren.

Zu den jeweiligen Informationen finden Sie fast immer Merkhilfen. Diese Merkhilfen sind anfänglich etwas seltsam anmutende Eselsbrücken. Auf den ersten Blick werden Sie sich sagen: »Das kann ich mir ja schneller ohne Eselsbrücke merken!« Das stimmt auch, jedoch nur dann, wenn es sich um wenige Fakten handelt. Bei einer größeren Anzahl von Daten oder längeren Inhaltslisten ist diese Methode der

Merkhilfe (oder auch anderer) sehr hilfreich. Ich habe sie in Hunderten Seminaren mit Tausenden von Teilnehmern seit zwei Jahrzehnten erfolgreich praktiziert. Nahezu alle Teilnehmer zeigten am Anfang eine gewisse Zurückhaltung, am Ende der Veranstaltung waren sie aber durchgehend begeistert. Am meisten über ihre eigene Merkfähigkeit. Man muss sich nur auf das einlassen, was ich Ihnen hier mit auf den Weg geben möchte.

Viele Informationen können wir ja spielerisch durch die verrückten Geschichten lernen, also die Merkhilfen oder Eselsbrücken. Durch ihr Einprägen wird es Ihnen leichter fallen, auf die wirkliche Information zu kommen. Die Bilder, die durch die kleinen erzählten Geschichten vor Ihrer inneren Leinwand auftauchen, sind in Bilder umgewandelte Namen von Ländern, Städten, Personen etc. Und durch diesen kreativen Akt sind Sie in der Lage, sich »trockene« Fakts einfach besser einzuprägen.

Haben Sie sich auf dieses originelle Lernen eingelassen, werden die neu erfahrenen Informationen vorwiegend in einem ersten Schritt in unserem Kurzzeitgedächtnis abgelegt. Nur wenn Sie die Merkhilfen besonders lustig, bizarr oder ausgefallen finden oder lange nach genau diesen Daten gesucht haben, werden sie direkt ins Langzeitgedächtnis katapultiert.

In unserem Gehirn sind Filter eingebaut, um unwichtige Inhalte schnell wieder auszusieben. Das ist wichtig, um die Informationsflut, der wir tagtäglich ausgesetzt sind, zu bewältigen. Aus diesem Grund ist es notwendig, die Daten, die wir behalten wollen, öfter zu wiederholen. Das Gehirn registriert dann, dass es sich hierbei nicht um Fakten handelt, die besser gleich in die Schublade »unnütz« gepackt werden sollten. Entscheidend ist dabei, dass Sie die Wiederholungen in den richtigen Abständen durchführen. Besonders am Anfang verflüchtigen sich neue Informationen nämlich sehr schnell.

Das folgende Diagramm mit der Vergessens- und Wissenskurve macht deutlich, dass die erste Wiederholung bereits nach sehr kurzer Zeit erfolgen sollte, also am besten noch am selben Tag der Datenaufnahme. Nach drei Tagen ist die nächste Wiederholung zu empfehlen und dann am besten eine weitere nach sieben Tagen. Damit die Fakten schließlich ins Langzeitgedächtnis gelangen, sollten Sie zusätzliche Wiederholungen einplanen. Gut wären folgende Tagesabstände zwischen den Lernintervallen: 1, 3, 7, 14 und 28 (Intervall-Lernen). Danach, da können Sie sicher sein, ist das Allgemeinwissen im Langzeitgedächtnis angekommen.

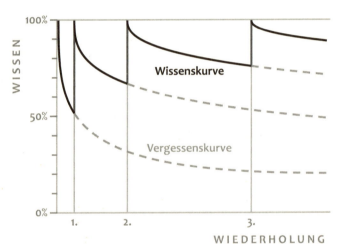

Vergessens- und Wissenskurve

Für Sie klingt das alles nach Arbeit? Muss es aber nicht. Letztlich geht es nur darum, wie Sie Ihr Wissen festigen können – und wollen.

Die Häufigkeit der Wiederholungen ist Ihnen nun bekannt, aber wie gehen Sie jetzt praktisch vor, wie rekapitulieren Sie Ihr neues Wissen? Ideal wäre es, wenn Sie es einfach anderen Personen erzählen. Außerdem können Sie sich das Buch an eine Stelle legen, die Sie nicht übersehen und mit der Sie zugleich so etwas wie Muße verbinden, wie zum Beispiel der Nachttisch an Ihrem Bett oder die Couch im Wohnzimmer. Auf diese Weise können Sie immer wieder in das Buch hineinschauen und kleine beziehungsweise größere Pausen für Wiederholungen wie auch für die Aneignung neuer Kapitel nutzen.

Wie gesagt: Keineswegs sollen Sie alles auf einmal durchlesen, sondern nur den einen oder anderen Abschnitt, jedes Mal kurz innehalten, sich das Gelesene bildhaft vorstellen, kurz den Inhalt überprüfen – und erst dann zum nächsten Wissenspunkt gehen. Markieren Sie auch die Passagen, die Sie sich schon »erobert« haben. So fällt es Ihnen leichter, die zuletzt gelesenen Kapitel kurz zu wiederholen. Dadurch prägt sich das Wissen ebenfalls immer besser ein. Was besonders erfreulich ist: Der Lernaufwand wird mit zunehmenden Wiederholungen immer geringer.

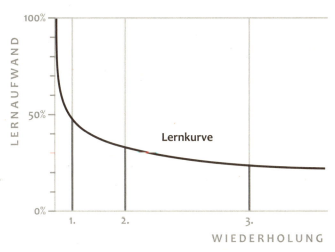

Lernkurve

2 Geografie

Bei der Recherche für dieses Buch konnte ich viele geografische Daten und Fakten sammeln. Da Kontinente, Ozeane, die größten Berge, Seen, Länder etc. sich recht wenig verändern, lohnt sich der Aufwand des Lernens.

Damit das Einprägen leicht funktioniert, gebe ich Ihnen neben den Fakten vor allem Merkhilfen an die Hand. Die Zugspitze, Deutschlands höchster Berg, lässt sich noch recht problemlos einprägen. Schwieriger wird es bei Namen wie Karakorum. Dabei handelt es sich um die drittgrößte Gebirgskette auf unserer Erde, sie liegt in Zentralasien. Kaum jemand kennt jedoch diesen Namen, und hört man ihn, ist er meist nach ein paar Sekunden auch schon wieder in Vergessenheit geraten. Sehr nützlich ist in diesen Fällen die Hilfswortmethode. Bei dieser Technik werden neue Bezeichnungen in bekannte Wörter umgewandelt. Aus Karakorum wird zum Beispiel »Karaoke im Chor«. Das erscheint auch wieder im ersten Moment möglicherweise umständlich, aber es hört sich lustig an. Und lustige Dinge haben einen Nebeneffekt: Sie wirken sich prima auf das Lernen aus. Je absonderlicher die Geschichten sind, umso leichter prägen sie sich ein.

Die in diesem Buch verwendeten Methoden wurden in Hunderten Seminaren und Vorträgen von mir erfolgreich getestet. Sie funktionieren, wenn eine Grundvoraussetzung gegeben ist: Ihre Motivation. Ohne die macht die beste Methode keinen Sinn.

Sind die Geschichten eingeprägt, ist es wichtig, dass Sie sie in den nächsten Tagen wiederholen. Sonst sortiert Ihr Gehirn das Wissen rasch wieder aus, da es ihm nutzlos erscheint.

Die Wiederholung geht allerdings rasend schnell. Aufwendig ist nur das erneute Lernen der Informationen, wenn Sie zu spät wiederholen.

Also nun viel Spaß beim Aneignen des geografischen Allgemeinwissens.

Kontinente und Ozeane

Kontinente

Vermutlich kennen Sie die fünf Kontinente unseres Planeten. Sollte dies nicht der Fall sein, hilft folgender Merksatz:

Am Europakanal aßen Affen Austern.

Am	Amerika
Europakanal	Europa
aßen	Asien
Affen	Afrika
Austern	Australien

Gefällt Ihnen der Affensatz nicht? Gut, alternativ biete ich Ihnen folgende Merkgeschichte an:

Ein Amerikaner (Amerika) spendet einen Euro (Europa) einem Afrikaner (Afrika), der sich daraufhin auf ein Känguru (Australien) setzt, aus dessen Beutel seltsamerweise ein Ass (Asien) herausragt.

Ozeane

Kennen Sie die fünf Ozeane, können Sie zum nächsten Punkt springen. Haben Sie die jedoch nicht im Kopf, oder wollen Sie Kindern, Enkelkindern, Neffen oder Nichten dabei helfen, sich diese einzuprägen, könnte folgende Merkhilfe nützlich sein: Bilden Sie aus den Anfangsbuchstaben S (Südpolarmeer), P (Pazifik), I (Indischer Ozean), N (Nordpolarmeer), A (Atlantik) das Merkwort »SPINA«. Ein dazu passender Satz könnte so lauten:

Ein SPINA umsegelte die Welt auf allen fünf Ozeanen.

S Südpolarmeer
P Pazifik
I Indischer Ozean
N Nordpolarmeer
A Atlantik

Gefällt Ihnen das nicht? Dann hilft vielleicht die Methode, aus den Anfangsbuchstaben dieser Weltmeere einen Merksatz zu bilden:

Segler pullern immer nachts alleine.

Die Reihenfolge ist frei gewählt. Sie können diese natürlich auch verändern und einen anderen Merksatz bilden.

Da wir schon bei den Ozeanen sind: Nicht nur ihre Namen, sondern auch ihre Lage ist von elementarer Bedeutung. Da hilft ein Blick auf die Karte, am besten eine, auf der Europa in der Mitte abgebildet ist. Sie können dann sofort die Weltmeere erkennen und sie sich geradezu optisch merken:

- Oben im Norden: Nordpolarmeer, Arktis
- Links im Westen: Atlantik, Atlantischer Ozean (zwischen Amerika und Europa und zwischen Amerika und Afrika)
- In der Mitte, unterhalb von Indien: Indischer Ozean
- Rechts im Osten: Pazifik (zwischen Asien und Amerika)
- Unten im Süden: Südpolarmeer, Antarktis

Sollten Sie bislang die Begriffe »Arktis« und »Antarktis« verwechselt haben, können Sie sich diese Merkhilfe einprägen: Im Norden (Arktis) leben Eisbären, im Süden (Antarktis) Pinguine. Pinguine sind gegen (**Anti-Ant**arktis) Eisbären.

Ich will es bei den Ozeanen belassen. Sollten Sie die Meere auch noch interessieren, werden Sie vermutlich überrascht sein, wie viele es gibt. Man muss sein Gedächtnis auch nicht überstrapazieren.

Gebirge und Berge

Nach diesem Abschnitt werden Sie alle Gebirgsketten und die höchsten Berge unserer Erde – der Größe nach geordnet – im Kopf haben. Die Anforderungen sind etwas höher als bei Eigennamen, die Ihnen bereits vertraut sind. Wie gesagt: Ausdrücke wie »Karakorum«, »Kantsch« oder »Makalu« werden Ihnen vielleicht nicht vertraut sein, die müssen Sie wie neue Vokabeln lernen. Und die richtige Reihenfolge der Berge müssen Sie sich auch noch merken.

Doch keine Angst, mit der Mnemotechnik ist diese Herausforderung zu bewältigen. Im ersten Schritt erfahren Sie die Geschichte, in einem zweiten die Zuordnung (also welcher Teil der Geschichte für welche Information steht), und im dritten Schritt werden die Namen wiederholt. Was sich kompliziert anhört, ist aber erfahrungsgemäß die effizienteste Methode, um sich neues Wissen anzueignen.

Weltweit höchste Gebirgsketten

Lesen Sie sich folgende Geschichte zum besseren Einprägen am besten wieder laut vor, und stellen Sie sich dabei den Inhalt bildhaft vor. Sie wird Ihnen absurd vorkommen. Entscheidend ist, dass Sie sich während des ersten Lesens nur auf die Geschichte einlassen und nicht über ihren Sinn nachdenken. Nach zwei, drei Wiederholungen haben Sie alle Gebirgsketten gelernt. Los geht's:

Die **Gebirgskette** *ragt in den* **Himmel,** *wo gerade* **Karaoke** *im* **Chor** *von* **Hindus** *gesungen wird. Ein Hindu will einem anderen etwas* **andrehen.** *»Damit kann man* **Dias schauen!«** *Man sieht auf einem Dia einen* **Rock.** *Am Rock hängt, ganz* **zentral,** *eine neue geniale* **Kette.** *Die Kette löst sich und* **tanzt** *bis zur* **Antarktis.** *Dort singt ein Sänger das Lied:* **»Sehr rar** *sind die* **Maden** *im* **Orient«.** *Der Sänger hat einen* **Kamm** *und wirft damit einen* **Schatten.** *Der Schatten fällt auf einen* **alten Thai.** *Der Thai hat eine* **Weste** *an und* **summt** *auf einer* **Matte** *»***Java***«. Diese Matte nimmt sich ein* **Zar,** *der sehr* **groß** *ist. So groß, dass er bis ins* **All** *reicht. Im All gibt es ein* **hohes Land** *voller* **Apfelsinen.** *Eine Apfelsine fällt plötzlich auf einen* **Atlas.** *Sie schlagen den Atlas auf und finden statt Landkarten ein Bild von einem* **Ass am Bier.** *Das Bier ist so dickflüssig, dass es ge***kaut** *werden muss.*

Konnten Sie in der Geschichte bleiben, oder sind Sie währenddessen ausgestiegen? Hilfreich ist bei einer längeren Erzählung, wenn Sie diese in kleine Abschnitte unterteilen, Hauptsache, Sie können sie »sehen«, dann prägt sie sich fast automatisch ein. Sollte dies noch nicht der Fall sein, lieber nochmals wiederholen, bevor Sie weiterlesen.

Wenn die Story als Film »abgedreht« ist, können Sie mit der Zuordnung der Gebirgsketten fortfahren. Beim ersten Mal reicht es, diese zu erkennen. Beim zweiten Durchgang können Sie die rechte Seite der folgenden Tabelle mit einem Stück Papier oder mit der Hand zuhalten und so kontrollieren, ob Sie durch die Geschichte auf die richtige Gebirgskette kommen.

Geschichte	Gebirgskette
Die **Gebirgskette**	Auslöser für die ganze Geschichte
ragt in den **Himmel**,	Himalaja
wo gerade **Karaoke** im **Chor**	Karakorum
von **Hindus** gesungen wird.	Hindukusch
Ein Hindu will einem anderen etwas **andrehen**.	Anden
»Damit kann man **Dias schauen**!«	Tian Shan
Man sieht auf einem Dia einen **Rock**.	Rocky Mountains
Am Rock hängt, ganz **zentral**, eine **neue geniale Kette**.	Zentralneuguinea-Kette
Die Kette löst sich und **tanzt** bis zur **Antarktis**.	Transantarktisches Gebirge
Dort singt ein Sänger das Lied: »**Sehr rar** sind die **Maden** im **Orient**.«	Sierra Madre Oriental
Der Sänger hat einen **Kamm** und wirft damit einen **Schatten**.	Kamtschatka
Der Schatten fällt auf einen **alten Thai**.	Altai
Der Thai hat eine **Weste** an und **summt** auf einer **Matte** »**Java**«.	Westsumatra-Java-Kette
Diese Matte nimmt sich ein **Zar**, der sehr **groß** ist.	Zagros
So groß, dass er bis ins **All** reicht.	Alaska
Im All gibt es ein **hohes Land** voller **Apfelsinen**.	Hochland von Abessinien
Eine Apfelsine fällt plötzlich auf einen **Atlas**.	Atlas
Sie schlagen den Atlas auf und finden statt Landkarten ein Bild von einem **Ass am Bier**.	Assam-Birma-Kette
Das Bier ist so dickflüssig, dass es ge**kaut** werden muss.	Kaukasus

Die Hilfsgeschichte brauchen Sie noch in der Übergangszeit. Nach ein paar Wiederholungen erübrigt sie sich, und Sie können die Gebirgsketten ohne diese Brücke nennen.

Gerade bei dieser Geschichte ist es notwendig, dass Sie sie mehrfach wiederholen, um von den Auslösern (wird gekaut) auf die entsprechende Gebirgskette (Kaukasus) zu gelangen. Wenn Sie ein solches Vorgehen die letzten Jahre nicht trainiert haben, könnten Sie zunächst Widerstände fühlen oder sogar ganz aussteigen wollen. Probieren Sie es trotzdem einfach aus, lassen Sie sich auf die Geschichten ein.

Und alle, die mehr Details zu den Gebirgsketten haben möchten, können sich auf die Karte von Seite 41 stürzen.

Gebirgskette	Höhe (m)	Länge (km)	Lage
1. Himalaja-Karakorum-Hindukusch	8848	3800	Südliches Zentralasien
2. Anden	6959	7200	Westliches Südamerika
3. Tian Shan	7439	2250	Südliches Zentralasien
4. Rocky Mountains	4400	4800	Westliches Nordamerika
5. Zentralneuguinea-Kette	5029	2000	Westirian, Papua-Neuguinea
6. Transantarktisches Gebirge	4529	3500	Antarktis
7. Sierra Madre Oriental	5747	1530	Mexiko
8. Kamtschatka	4750	1930	Ostsibirien
9. Altai	4505	2000	Zentralasien
10. Westsumatra-Java-Kette	3805	2900	Westsumatra, Java
11. Zāgros	4547	1530	Iran
12. Alaskakette	6193	1130	Alaska
13. Hochland von Abessinien	4620	1450	Äthiopien
14. Atlas	4165	1930	Nordwestafrika
15. Assam-Birma-Kette	5881	1130	Assam, Westmyanmar
16. Kaukasus	5642	1200	Georgien, Russland

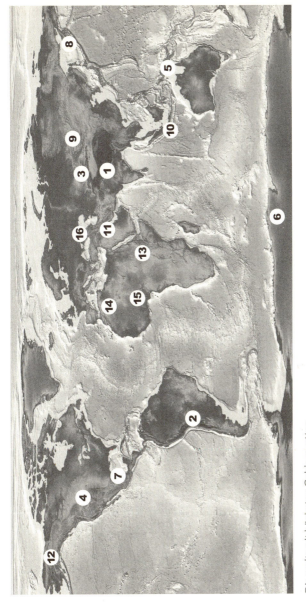

Die weltweit höchsten Gebirgsketten

Achttausender

Haben Sie Interesse, die höchsten Berge unserer Erde, der Größe nach geordnet, kennenzulernen? Der Mount Everest ist Ihnen wahrscheinlich vertraut, doch es gibt noch dreizehn weitere Achttausender. Erstaunlich, oder? Kaum jemand ist jedoch in der Lage, sie zu nennen.

Die Vorgehensweise ist in diesem Fall wie bei den vorangegangenen Gebirgsketten. Sie prägen sich zunächst die Geschichte ein, überprüfen diese und lernen danach die richtigen Namen der Berge. Beim ersten Durchgang bitte wieder nicht nachdenken, sondern sich die Geschichte nur bildhaft vorstellen. Hier ist sie:

> *Auf einem sehr* **hohen Berg** *fährt jemand mit einem* **Mountainbike.** *Das Mountainbike hat die Form eines nach rechts gedrehten* **K,** *an dem die* **2** *Räder befestigt sind. Beide Räder berühren beim Fahren eine* **Kante.** *Auf der Kante balanciert ein* **Lotse.** *Der Lotse hat ein Rohr aus Alu in den Händen, denn er* **mag Alu.** *Mit dem Rohr aus Alu geht er in den* **Zoo** *und erschreckt dort die* **Oyus** *– die sehen ähnlich aus wie Gnus. Alle Oyus springen über ein* **Tau,** *das* **lag hier.** *Das Tau hebt ein Mann auf und entdeckt ein angeklebtes* **Ass.** *Der Mann nimmt das Ass ab und klebt es auf einen* **Tanga,** *mit dem ein* **Paar** *im* **Bad** *liegt. Die Frau im Bad heißt* **Anna** *und hält eine* **Harpune** *fest. Sie schießt mit der Harpune auf* **Hütten** *und trifft dort das aufgemalte* **PIK.** *Daraufhin fällt ein* **Brot** *herunter, genau auf das* **PIK.** *Das Brot wird in eine* **Shisha** *gebröselt, von einem* **Punk** *seiner* **Ma.** *Die Shisha stößt gegen einen* **Gasherd,** *der* **brummt** *daraufhin* **zweimal.**

Völlig bizarre Geschichte – aber einprägsam. Haben Sie eine bildhafte Vorstellung von ihr? Konnten Sie ihr bis zum Ende folgen? Falls nicht, bitte nochmals lesen und anschließend überprüfen, ob Sie die Story komplett wiedergeben können. Falls ja, können Sie den nächsten Schritt machen.

Geschichte	Name	Höhe (in m)
Auf einem sehr **hohen Berg** (Auslöser) fährt jemand mit einem **Mountainbike**.	Mount Everest	8850
Das Mountainbike hat die Form eines nach rechts gedrehten **K**, an dem die **2** Räder befestigt sind.	K2	8611
Beide Räder berühren beim Fahren eine **Kante**.	Kantsch	8586
Auf der Kante balanciert ein **Lotse**.	Lhotse	8516
Der Lotse hat ein Rohr aus Alu in den Händen, denn er **mag Alu**.	Makalu	8463
Mit dem Rohr aus Alu geht er in den **Zoo** und erschreckt dort die **Oyus** – die sehen ähnlich aus wie Gnus.	Cho Oyu	8201
Alle Oyus springen über ein **Tau**, das **lag hier**.	Dhaulagiri	8167
Das Tau hebt ein **Mann** auf und entdeckt ein angeklebtes **Ass**.	Manaslu	8163
Der Mann nimmt das Ass ab und klebt es auf einen **Tanga**, mit dem ein **Paar** im **Bad** liegt.	Nanga Parbat	8125
Die Frau im Bad heißt **Anna** und hält eine **Harpune** fest.	Anna-purna	8091
Sie schießt mit der Harpune auf **Hütten** und trifft dort das aufgemalte **PIK**.	Hidden Peak	8068
Daraufhin fällt ein **Brot** herunter, genau auf das **PIK**.	Broad Peak	8047
Das Brot wird in eine **Shisha** (Wasserpfeife) gebröselt, von einem **Punk** seiner **Ma**.	Shisha Pangma	8046
Die Shisha stößt gegen einen **Gasherd**, der **brummt** daraufhin **zwei**mal.	Gasherbrum II	8035

Einige Bestandteile der Erzählung erscheinen auf den ersten Blick weit hergeholt. Aber gerade die verrückt erscheinenden Teile prägen sich meistens besonders gut ein. Überprüfen Sie, ob Sie die Namen der Berge auch wirklich abrufen können. Die Hilfsgeschichte verschwindet dann nach und nach aus Ihrem Gedächtnis, weil sie nicht mehr gebraucht wird – und Sie haben nur noch die reinen Fakten im Kopf.

Die höchsten Punkte der Erdteile

Bei einer Reise ist der höchste Punkt des jeweiligen Erdteils, auf dem Sie sich gerade befinden, vielfach eine Erwähnung wert. Leicht können Sie sich die Zuordnung von Erdteil und höchstem Punkt durch eine kleine Merkhilfe einprägen. Dabei werden die Erdteile durch Auslöser ersetzt, sodass zum Beispiel eine Euro-Münze für Europa steht. Im Gegensatz zu den vorigen Geschichten, die mit der Kettenmethode verbunden wurden, verwende ich hier kurze Geschichten, die unabhängig voneinander stehen. Zur Wissenskontrolle gehen Sie die Erdteile im Kopf durch und überprüfen, ob Sie noch den jeweils höchsten Punkt abrufen können:

> *Ein* **Afrikaner** *(Afrika)* **killert** *einen* **Mann** *(Kilimandscharo).*
> *Auf einer* **Eisscholle** *(Antarktis) trinkt ein Pinguin* **Vino** *mit seinem* **Sohn** *(Vinson).*
> *Ein* **Asiate** *(Asien) fährt auf seinem* **Mountainbike** *(Mount Everest).*
> *Ein* **Känguru** *(Australien/Ozeanien) singt »***Bumtschak, ja ja***« (Puncak Jaya).*
> *Wenn man eine* **Euro-Münze** *(Europa) den* **Berg** *(Französisch:* **Mont***) runterrollt, wird diese* **blank** *(Mont Blanc).*
> *Im* **McDonald's** *(Nordamerika) essen alle* **Berge** *und bekommen davon ein Doppel***kinn** *(Mount McKinley).*
> *Ein* **argentinisches** *Kind (Südamerika) ruft: »***Da kommt ein Jaguar.***« Das hört sich bei ihm so an: »***A con cagua.***« (Aconcagua)*

Zur Ergänzung noch die Höhenangaben:

Erdteil/Gebiet	Höchster Punkt	Höhe (in m)
Afrika	Kilimandscharo (Tansania)	5892
Antarktis	Vinson-Massiv	5140

Erdteil/Gebiet	Höchster Punkt	Höhe (in m)
Asien	Mount Everest (Nepal/Tibet)	8846
Australien/Ozeanien	Puncak Jaya (Neuguinea)	5030
Europa	Mont Blanc (Frankreich)	4807
Nordamerika	Mount McKinley (Alaska)	6194
Südamerika	Aconcagua (Argentinien)	6960

Sollte Ihnen eine Merkhilfe nicht so gut gefallen, können Sie natürlich eigene bilden.

Deutsche Berge

Wenn Sie sich die Berge in Deutschland der Größe nach geordnet merken wollen, hilft Ihnen ein weiteres Mal die Kettenmethode mit folgender Geschichte. Prägen Sie sich zunächst nur die Geschichte ein, die Zuordnung erfolgt danach:

Auf der Spitze eines Bergs **mit deutscher Flagge** *steht ganz oben ein* **Zug**.
Der Zug fährt durch **Schnee** *in die* **Ferne** *und hält an einem* **Kopf**, *der in den* **Schnee** *gemalt wurde.*
Im Schnee ganz in der **Mitte** *liegt eine* **Wetterkarte**.
Diese Wetterkarte nimmt jemand **hoch** *und legt sie in eine* **Wanne**.
Von der Wanne kann man **mitten** *in das* **Höllental** *schauen.*
Die **Hölle** *schaut man sich von* **innen** *an.*
Danach schaut man sich die **Hölle** *von* **außen** *an.*
Außen an der Hölle steht ein **Mann** *mit einer* **Warze** *in der* **Mitte** *auf der* **Nasenspitze**.
Der **Warzenmann** *wandert anschließend Richtung* **Süden** *der Sonne entgegen.*
Außer Atem fängt er an, Luft **hoch** *zu* **blasen**.

Noch dabei? Konnten Sie sich die Geschichte wirklich bildhaft vorstellen? Falls nein, gehen Sie sie langsam erneut durch und lassen sich darauf ein. Falls ja, kurz kontrollieren, ob Sie sie tatsächlich komplett zusammenbekommen.

Merkgeschichte	Deutsche Berge	Höhe (in m)
Auf der **Spitze** des **höchsten Bergs** mit deutscher Flagge	Auslöser	
steht ganz oben ein **Zug**.	Zugspitze	2962
Der Zug fährt durch **Schnee** in die **Ferne** und hält an einem **Kopf**, der in den Schnee gemalt wurde.	Schneefernerkopf	2874
Im Schnee ganz in der **Mitte** liegt eine **Wetterkarte**.	Mittlere Wetterspitze	2750
Diese Wetterkarte nimmt jemand **hoch** und legt sie in eine **Wanne**.	Hochwanner	2744
Von der Wanne kann man **mitten** in das **Höllental** schauen.	Mittlere Höllentalspitze	2743
Die **Hölle** schaut man sich von **innen** an.	Innere Höllentalspitze	2741
Danach schaut man sich die **Hölle** von **außen** an.	Äußere Höllentalspitze	2720
Außen an der Hölle steht ein **Mann** mit einer **Warze** in der **Mitte** auf der Nasen**spitze**.	Watzmann, Mittelspitze	2713
Der **Warzenmann** wandert anschließend Richtung **Süden** der Sonne entgegen.	Watzmann, Südspitze	2712
Außer Atem fängt er an, Luft **hoch** zu **blasen**.	Hochblassen	2703

Deutsche Mittelgebirge

Haben Sie noch Lust auf Berge und Gebirge? Was Ihnen zur Komplettierung des Grundwissens fehlt, sind die zehn höchsten deutschen Mittelgebirge. Mittelgebirge überschreiten eine bestimmte Höhe nicht und haben, zur Abgrenzung vom Hügelland, eine gewisse Reliefenergie – also eine gewisse Höhendifferenz (je nach Region und Quelle zwischen 200 und 500 Meter) zwischen dem höchsten Berg und dem Gebirgsfuß.

Die zehn größten Mittelgebirge prägen Sie sich wieder mit der bekannten Kettenmethode ein:

Auf der Spitze einer **mittelhohen Gebirgslandschaft** *ragt eine deutsche Flagge heraus.*
Die Flagge wird **schwarz** *gestrichen.*
Der Streicher hat eine Lederhose an, denn er ist ein **bayerischer Waldarbeiter.**
An seiner Lederhose hängt ein Stück **Erz.**
Aus dem Erz tropft plötzlich **Harz** *heraus.*
Das Harz wird an einer **Fichte** *abgestrichen.*
Auf der Fichte sitzt ein **Ober,** *so fest wie ein* **Fels.**
Dann löst er sich und **schwebt** *ein* **bisschen** *ab.*
Er schwebt durch eine **Tür,** *an der ein großer* **Ring** *hängt.*
Der Ring entpuppt sich als ein **Rhönrad.**
Das Rhönrad rollt los über ein **Tau** *mit einer* **Nuss.**

Am besten, Sie überprüfen gleich, ob Sie sich die Geschichte auch richtig eingeprägt haben. Erst wenn Sie sich diese gut gemerkt haben, nehmen Sie die Zuordnungen mit den Namen der jeweiligen Mittelgebirge vor.

Geschichte/Merkhilfe	Mittelgebirge
Auf der Spitze einer **mittelhohen Gebirgslandschaft** ragt eine deutsche Flagge heraus.	Auslöser
Die Flagge wird **schwarz** gestrichen.	Schwarzwald
Der Streicher hat eine Lederhose an, denn er ist ein **bayerischer Waldarbeiter.**	Bayerischer Wald
An seiner Lederhose hängt ein Stück **Erz.**	Erzgebirge
Aus dem Erz tropft plötzlich **Harz** heraus.	Harz
Das Harz wird an einer **Fichte** abgestrichen.	Fichtelgebirge
Auf der Fichte sitzt ein **Ober** so fest wie ein **Fels.**	Oberpfälzer Wald
Dann löst er sich und **schwebt** ein **bisschen ab.**	Schwäbische Alb

Geschichte/Merkhilfe	Mittelgebirge
Er schwebt durch eine **Tür**, an der ein großer **Ring** hängt.	Thüringer Wald
Der Ring entpuppt sich als ein **Rhönrad**.	Rhön
Das Rhönrad rollt los über ein **Tau** mit einer **Nuss**.	Taunus

Natürlich gibt es noch einige Mittelgebirge mehr in Deutschland. Sollten Sie weitere lernen wollen, erweitern Sie einfach die Kette. Und wenn Sie sich die höchsten Berge der Mittelgebirge einprägen möchten, können Sie dies mit kleinen Merkhilfen schnell realisieren. Zwei Beispiele: Das Tau mit der Nuss (Taunus) fällt auf ein Feld auf einem Berg (Feldberg). Das Harz (Harz) formt sich zu einem ganz großen Brocken (Brocken). So können Sie mit den anderen Bergen fortfahren.

Länder und Städte

Die zehn größten Länder der Welt

Wenn Sie sämtliche Berge gelernt haben, sind Sie bestens trainiert für die nächste Aufgabe und können das Folgende überlesen. Ansonsten kurz ein paar Worte zur Methodik. Sie werden wieder die Hilfswortmethode verwenden, kombiniert mit der Kettenmethode. Mit der Hilfswortmethode werden die neuen Begriffe in bekannte und leicht bildhaft vorstellbare Wörter umgewandelt, dadurch sind sie leichter zu lernen. Mit der Kettenmethode bekommen die unzusammenhängenden Bezeichnungen eine Verbindung. Am Anfang brauchen Sie immer einen Auslöser, der Sie wieder auf die gesamte Kette bringt. Die Auslöser wählen Sie – oder ich – so einfach wie möglich. In einem dritten Schritt werden die richtigen Bezeichnungen gelernt. Und lautes Vorlesen hilft auch beim Einprägen dieser nächsten Geschichte:

Auf einer **Landkarte,** *auf der alle Länder der Welt zu sehen sind, liegt* **Ruß.**
Mit diesem Ruß wird ein **Kanu** *verziert.*
Schaut man in das Kanu, findet man einen Beutel mit leckeren **Amerikanern** *(Gebäck).*
Einer der Amerikaner wird von einem vorbeischlendernden **Chinesen** *verspeist.*
Danach schaut sich der satte Chinese den **brasilianischen Karneval** *an.*
In der Karnevalsgruppe tanzt auch ein **Känguru** *mit.*
Aus dem Beutel des Kängurus steigt plötzlich ein **indischer Fakir** *mit seinem Nagelbrett.*
Mit dem Nagelbrett schlägt er nun ein **argentinisches Rumpsteak** *weich.*
Dieses Rumpsteak wird dann an einer **Kasse** *bezahlt.*
Die Kasse geht auf, und es kommt ein Schälchen mit duftendem **Sud** *zum Vorschein.*

Konnten Sie sich die Geschichte merken? Falls nicht, lesen Sie sich die schwierigen Stellen noch einmal laut vor, und versuchen Sie, genaue Bilder zu entwickeln. Dann prägt sich das Erzählte besser ein. Bevor Sie aber den einzelnen Parts die richtigen Länder zuordnen, kontrollieren Sie lieber, ob Sie die ganze Story erinnern.

Geschichte	Land	Gesamtfläche (in km²)
Auf einer **Landkarte,** auf der alle Länder der Welt zu sehen sind,	Auslöser	
liegt **Ruß.**	Russische Föderation	17 098 240
Mit diesem Ruß wird ein **Kanu** verziert.	Kanada	9 984 670
Schaut man in das Kanu, findet man einen Beutel mit leckeren **Amerikanern** (Gebäck).	USA	9 629 090

Geschichte	Land	Gesamtfläche (in km²)
Einer der Amerikaner wird von einem vorbeischlendernden **Chinesen** verspeist.	China	9 598 060
Danach schaut sich der satte Chinese den **brasilianischen Karneval** an.	Brasilien	8 514 880
In der Karnevalsgruppe tanzt auch ein **Känguru** mit.	Australien	7 741 220
Aus dem Beutel des Kängurus steigt plötzlich ein **indischer Fakir** mit seinem Nagelbrett.	Indien	3 287 260
Mit dem Nagelbrett schlägt er nun ein **argentinisches Rumpsteak** weich.	Argentinien	2 780 400
Dieses Rumpsteak wird dann an einer **Kasse** bezahlt.	Kasachstan	2 724 900
Die Kasse geht auf, und es kommt ein Schälchen mit duftendem **Sud** zum Vorschein.	Sudan	2 505 810

Haben Sie die zehn größten Länder im Kopf? Bitte an die Wiederholung in Intervallschritten denken. Die erste Wiederholung am besten gleich morgen durchführen, die nächste in ein paar Tagen, die dritte in einer Woche und dann nochmals in zwei und in vier Wochen. Danach haben Sie das Wissen im Langzeitgedächtnis verankert.

Sollten Sie sich auch die Flächengrößen einprägen wollen, helfen einfache Zuordnungen. Als Auslöser dient das Land, alternativ dessen Auslöser. Die Zahlen werden – wie gehabt – in Bilder umgewandelt. Für Australien könnten Sie sich merken, dass zusammen mit den Kängurus 7 große und 7 kleine Zwerge herumspringen (ca. 7,7 Millionen Quadratkilometer). Und der Ruß (für die Russische Föderation) fällt auf das Kartenspiel »17 und 4« (zirka 17 Millionen Quadratkilometer).

Die größten Städte der Erde

Jetzt lernen Sie die größten Städte der Welt. Ist Tokio größer als Rio de Janeiro? Und wie sieht es mit Shanghai oder Berlin aus? Es ist spannend zu wissen, welches die größten Städte der Erde sind.

Bevor Sie sich die Städte einprägen, möchte ich darauf hinweisen, dass keine einheitliche Definition von »Stadt« existiert. Mancherorts werden die umliegenden Gebiete dazugezählt, sodass bei den Metropolen unterschiedlichste Einwohnerzahlen verzeichnet werden.

Das Gebiet Tokio-Yokohama ist mit zirka siebenunddreißig Millionen Einwohnern ein großes zusammenhängendes urbanes Gebiet, fällt aber nicht unter den Begriff Stadt.

Wir verwenden wieder einen Auslöser für die gesamte Kette (Großstadt), dann für jede Großstadt ein Bild.

Zur Vorgehensweise: Wie gewohnt die Geschichte langsam und laut vorlesen, die Erzählung bildhaft vorstellen, kontrollieren, festigen und die Zuordnungen lernen. Zum Schluss können Sie die Städte nennen, ohne dass Sie dafür die Story brauchen.

Wir starten mit der Geschichte:

*Mitten in einer **Großstadt** (Auslöser) liegt ein **Sombrero**.*
*Diesen Hut nehmen Sie und packen ihn in einen **Schrank**, auf dem ein **Hai** liegt.*
*Der Hai piekt einen **King**.*
*Der King hat Hunger und **ist an Buletten** interessiert.*
*Die Buletten werden vom Koch mit **Karate** auf einem **Ski** zerteilt.*
*Auf dem Ski hat der Karate-Koch noch eine Flasche **Mumm** dabei.*
*Der Mumm wird nicht getrunken, sondern mit **Moos** gekaut.*
*Das Moos fehlt am Boden, und so entsteht eine **Delle** hier.*

Die Delle wird immer größer, und darin suhlt sich die **Sau Paul**.
Die Sau Paul will ihre Haut pflegen und springt in einen **See** *mit* **Öl**.

Bitte lesen Sie erst weiter, wenn die Geschichte wirklich sitzt. Sollten Sie einen Riss in der Kette haben, stellen Sie sich die bildhafte Verknüpfung an dieser Stelle nochmals genau vor. Wenn die Kette nicht mehr reißt, können Sie die Städte dazunehmen.

Merkhilfe	Stadt	Land	Einwohner (in Mio.)
Mitten in einer **Großstadt**	Auslöser		
liegt ein **Sombrero**.	Mexiko-Stadt	Mexiko	19,98
Diesen Hut nehmen Sie und packen ihn in einen **Schrank**, auf dem ein **Hai** liegt.	Shanghai	China	19,21
Der Hai **piekt** einen **King**.	Peking	China	15,79
Der King hat Hunger und **ist an Buletten** interessiert.	Istanbul	Türkei	13,82
Die Buletten werden vom Koch mit **Karate** auf einem **Ski** zerteilt.	Karatschi	Pakistan	13,05
Auf dem Ski hat der Karate-Koch noch eine Flasche **Mumm** dabei.	Mumbai	Indien	11,67
Der Mumm wird nicht getrunken, sondern mit **Moos** gekaut.	Moskau	Russland	11,55
Das Moos fehlt am Boden, und so entsteht eine **Delle hier**.	Delhi	Indien	10,97
Die Delle wird immer größer, und darin suhlt sich die **Sau Paul**.	São Paulo	Brasilien	10,83
Die Sau Paul will ihre Haut pflegen und springt in einen **See** mit **Öl**.	Seoul	Südkorea	10,43

Können Sie die Städte in der richtigen Reihenfolge aufsagen? Die dazugehörigen Länder sind auch ohne besondere Technik schnell gelernt. Für die Einwohnerzahlen reicht meiner Meinung nach eine grobe Orientierung. Es fängt mit der größten Stadt bei zwanzig Millionen Menschen an und hört mit der zehnten Stadt bei zehn Millionen Leuten auf.

Europäische Hauptstädte
Kennen Sie die Hauptstädte europäischer Länder? Den meisten sind die Hauptstädte einiger unmittelbarer Nachbarländer vertraut. Aber sobald die Staaten etwas weiter weg liegen, fängt das Grübeln an.

Nachfolgend finden Sie Merkhilfen für alle europäischen Länder. Die Tabelle ist alphabetisch nach den Hauptstädten geordnet. Die Länder dienen jeweils als Auslöser. Dabei wandeln Sie nach altbekannter Methode das jeweilige Land in einen bildhaften Auslöser um. Aus Belgien werden »Bälger«, aus Frankreich wird »Frank ist reich«, aus Spanien ein »Span«. Die Auslöser sind so gewählt, dass sie Ihnen schnell einfallen sollen. Der Auslöser führt dann zu einer kurzen Hauptstadtgeschichte, dafür verwenden wir wieder die Hilfswortmethode.

Ein Beispiel:

Esst im **Land** (Estland), stellt den Tisch ins **Tal hin** (Tallinn).

Wenn Sie dabei schmunzeln oder sogar lachen müssen, ist das förderlich für das Einprägen. Für die Hauptstädte, die Sie bereits im Kopf haben, sind Merkhilfen natürlich unnötig.

Halten Sie die beiden rechten Spalten der nachfolgenden Tabelle zu, und überprüfen Sie, welche Hauptstädte Sie schon kennen. Bei den Metropolen, die Sie sich zusätzlich einprägen wollen, halten Sie inne und sagen sich laut die Merkhilfe vor. Wichtig ist auch hier wieder das geistige Bild, das Sie haben sollten. Gleichzeitig überprüfen Sie, ob Sie von dem Land auch auf die Merkhilfe kommen. Bei den meisten Ländern gelingt das sicher problemlos, bei anderen müssen Sie vielleicht kurz nachdenken. Serbien habe ich in »sehr Bienen« umgewandelt – und auf solche Wortspiele muss man sich einfach einlassen. Sonst funktioniert die ganze Methode nicht.

Letztlich kann ich Ihnen nur einen Rat geben: Probieren Sie es einfach aus. Sie werden Freude daran haben, wie rasch Sie sich so viele Hauptstädte einprägen können.

Land	Stadt	Merkhilfe
Niederlande	Amsterdam	Ich schaue **nieder** auf ein **Land** (Niederlande) und sehe einen **Hamster am Damm** (Amsterdam).
Andorra	Andorra	Ich schreibe einen Brief **an Dora** (Andorra) – er beginnt mit »**An Dora**« (Andorra).
Türkei	Ankara	An einer **Tür** (Türkei) baumelt ein **Anker** hin und her (Ankara).
Griechenland	Athen	Ein armer Banker **kriecht** durchs **Land** (Griechenland) und muss dabei schwer **atmen** (Athen).
Republik Serbien	Belgrad	Der Imker liebt **sehr Bienen** (Republik Serbien), eine Biene sticht seinen Hund, und der **bellt grad** (Belgrad).
Bundesrepublik Deutschland	Berlin	In **Deutschland** (Bundesrepublik Deutschland) regiert eine **Bärin** (Berlin).
Schweiz	Bern	Ein **Schweizer Taschenmesser** (Schweiz) ist verziert mit **Bernstein** (Bern).
Belgien	Brüssel	Viele **Bälger** (Belgien) spielen gern mit ihrem **Rüssel** (Brüssel).
Ungarn	Budapest	Zu viel **Uniformgarn** (Ungarn) wird in der **Bude** zur **Pest** (Budapest).
Rumänien	Bukarest	Wegen zu viel **Rum** und **Ähnlichem** (Rumänien) bekam der Zwerg »**Puck**«-**Arrest** (Bukarest).

Land	Stadt	Merkhilfe
Irland	Dublin	Ein Mann **verirrt** sich im **Land** (Irland), und jemand fragt ihn: »**Du blind?**« (Dublin)
Finnland	Helsinki	Ein Fischer **findet** in einem **Land** (Finnland) einen **Heller** und **sinkt auf die Knie** (Helsinki).
Ukraine	Kiew	**Unter** einem **Kran** (Ukraine) steht ein Bauarbeiter und **kifft** (Kiew).
Moldawien	Chișinău	Der **Molch da will** (Moldawien) **cheese – genau!** (Chișinău)
Dänemark	Kopenhagen	Gib **denen** eine **Mark** (Dänemark), dafür kannst du **Kopeken haben** (Kopenhagen).
Slowenien	Ljubljana	**So wenige** (Slowenien) Enden findet die **Lupe an der Liane** (Ljubljana).
Portugal	Lissabon	Das **Porto** (Portugal) wird von **Lisa** mit einem **Bon** bezahlt (Lissabon).
Großbritannien	London	Die **große Britta** (Großbritannien) bekommt **Lohn** (London).
Luxemburg	Luxemburg	Der **Luchs** auf der **Burg** (Luxemburg) schaut auf einen anderen **Luchs** auf der **Burg** (Luxemburg).
Spanien	Madrid	Ein **Span** liegt hier (Spanien), auf den die **Ma tritt** (Madrid).
Weißrussland	Minsk	Im **weißen Ruß** (Weißrussland) liegt ein Blatt **Minze** (Minsk).
Monaco	Monaco	Die **Mona kommt** (Monaco), wenn die **Mona kommt** (Monaco).
Russland	Moskau	Im **Ruß** steht ein Oligarch (Russland), der **Moos kaut** (Moskau).
Zypern	Nikosia	Ein Türke und ein Grieche **ziehen** an einer **Perle** (Zypern), und **niemand bekommt sie ab** (Nikosia).
Norwegen	Oslo	**Nur wegen** (Norwegen) den Fjorden ist nix im **Osten los** (Oslo).
Frankreich	Paris	**Frank** ist **reich** (Frankreich), sodass er bald ein **Paar ist** (Paris).

Land	Stadt	Merkhilfe
Tschechische Republik	Prag	Eine junge Frau **zecht** mit dem **Publikum** (Tschechische Republik) im **Park** (Prag).
Slowakei	Bratislava	Der **Schlot war klein** (Slowakei) und wurde **gebraten** in der **Lava** (Bratislava).
Estland	Tallinn	**Esst** im **Land** (Estland), stellt den Tisch ins **Tal hin** (Tallinn).
Island	Reykjavik	**Ist** ein **Land** (Island) **reich – ja wirklich** (Reykjavik).
Lettland	Riga	In großen **Lettern** (Lettland) wird »**Land**« geschrieben und dann in ein **Regal** (Riga) gestellt.
Italien	Rom	**Im Tal liegt** (Italien) ein Pizzabäcker und trinkt **Rum** (Rom).
San Marino	San Marino	Er **sah Marino** (San Marino), und alle anderen **sahen Marino** auch (San Marino).
Bosnien und Herzegowina	Sarajevo	Der **Boss** verliert sein **Herz** (Bosnien und Herzegowina) an **Sara jede Woche** (Sarajevo).
Makedonien	Skopje	Die **Macke** von **Toni** (Makedonien) ist am **Kopf** (Skopje).
Bulgarien	Sofia	Ein **Bulle gart nie** (Bulgarien) auf dem **Sofa** (Sofia).
Schweden	Stockholm	Durch **schweres Wedeln** (Schweden) wurde der **Stock** zum **Holm** (Stockholm).
Albanien	Tirana	Der **alberne Ian** (Albanien) wurde zum **Tyrann** (Tirana).
Liechtenstein	Vaduz	**Licht** scheint auf einen **Stein** (Liechtenstein), und der Steuersünder ist **verdutzt** (Vaduz).
Malta	Valletta	Er **malt da** (Malta) einen **Wal** mit **Lätta** (Valletta).
Vatikan	Vatikanstadt	Was **Vati kann** (Vatikan), tut **Vati** in der **Stadt** (Vatikanstadt).
Polen	Warschau	Wenn **Pole** (Polen) schmelzen, kommen **warme Schauer** (Warschau).

Land	Stadt	Merkhilfe
Österreich	Wien	**Ostereier** werden **reich** gefüllt (Österreich) mit **Wein** (Wien).
Litauen	Vilnius	Das **Lied** über das **Tau** (Litauen) **will Nils** nicht aus der **Nuss** (Vilnius).
Kroatien	Zagreb	Mit **großen Aktien** (Kroatien) macht der **Zar** 'nen **Rap** (Zagreb).

Haben Sie alle Städte im Kopf? Klasse. Dann denken Sie an die Wiederholung. Gleich am nächsten Tag sollte die erste erfolgen, danach weitere am dritten, siebten, vierzehnten und achtundzwanzigsten Tag. Je frischer die Eselsbrücken beziehungsweise Merkhilfen sind, umso leichter fällt das Behalten. Wiederholungen sind nur nervig, wenn sie zu spät durchgeführt werden und man den Lernstoff erneut lernen muss.

Sind Ihnen bestimmte Informationen sehr wichtig, können Sie sich diese auch mit einer Lernkartei einprägen. Verwenden Sie dazu übliche Karteikarten: Die Länder schreiben Sie auf die Vorderseite, die Hauptstädte auf die Rückseite. Sollte Ihnen die Merkhilfe immer wieder entfallen, rate ich Ihnen, diese ebenfalls auf der Rückseite zu notieren. Mit den Karteikarten ist es Ihnen sogar unterwegs möglich zu kontrollieren, ob das Wissen noch sitzt.

Fünfzig internationale Hauptstädte

Wer die europäischen Hauptstädte kennt, sollte sich zweifellos auch sicher fühlen, wenn es um die weltweit größten politischen Zentren geht. In der nachfolgenden Tabelle finden Sie die fünfzig größten Hauptstädte außerhalb Europas. Und natürlich eine Merkhilfe, wie Sie vom Staat zur jeweiligen Machtmetropole gelangen können.

Staat	Merkhilfe	Hauptstadt
Afghanistan	Ein **Affe** hat **gar nichts an** (Staat) und spielt mit einem **Kabel** (Hauptstadt).	Kabul
Ägypten	Bei den **Pyramiden in Ägypten** (Staat) gibt es **kein Rot** zu sehen (Hauptstadt).	Kairo
Algerien	Weil die **Algen riechen** (Staat), hat der **Aal Gier** (Hauptstadt).	Algier
Angola	**An Cola** (Staat) konnte **Lu ander**erseits nie vorbei (Hauptstadt).	Luanda
Argentinien	Das **argentinische Rumpsteak** (Staat) wird in **Büros** mit **Ei-Rest** (Hauptstadt) gegessen.	Buenos Aires
Aserbaidschan	Mit **Assen** haben **beide** eine **Chance** (Staat), an der **Bar** die **Kuh** (Hauptstadt) zu gewinnen.	Baku
Äthiopien	**Ältere Hip-Hop-Bienen** (Staat) tragen **adidas-BHs** (Hauptstadt).	Addis Abeba
Bangladesch	Ganz **bang lad ich** (Staat) **das Karma** auf mich (Hauptstadt).	Dhaka
Brasilien	Die **brasilianischen Tänzerinnen** (Staat) tanzen am liebsten in **Brasilien** in der Farbe **Lila** (Hauptstadt).	Brasília
Chile	Ich **schiele** (Staat) auf den **Sand** zum **Tiger, der** auch **schielen** (Hauptstadt) kann.	Santiago de Chile
Taiwan	Das **Tee-Ei** macht **Wahn** (Staat), aber kein **Ei-Weh** (Taipeh).	Taipeh
China	Im **China**-Restaurant (Staat) **piekt** der Ober den **King** (Hauptstadt).	Peking
Dominikanische Republik	Der **Dom** ist **mini** und **kann nicht** (Staat) im **Sand Domino** spielen (Hauptstadt).	Santo Domingo
Ecuador	An der **Ecke** steht ein **Quader** (Staat) mit einer **Quittung** (Hauptstadt).	Quito
Ghana	**Kann er** (Staat) auf dem **Acker** (Hauptstadt) arbeiten?	Accra
Guinea	**Geh näher** (Staat) und falle nicht ins **Koma,** sonst gibt es **Krieg** (Hauptstadt).	Conakry

Staat	Merkhilfe	Hauptstadt
Indonesien	**In Dosen innen** (Staat) klebt die **Ja-Karte** (Hauptstadt).	Jakarta
Irak	Der Buchstabe **I ragt** (Staat) heraus – **pack das** (Hauptstadt) weg!	Bagdad
Iran	Der **Imam** (Staat) bringt den **Tee heran** (Hauptstadt).	Teheran
Japan	Ein **japanischer Judokämpfer** (Staat) spielt gern **Toto** (Hauptstadt).	Tokio
Jemen	**Jedem** (Staat) bieten sie **Sahne an** (Hauptstadt).	Sanaa
Kambodscha	Nur mit **Kamm** spielt er **Boccia** (Staat), der **Gnom**, der grade **pennt** (Hauptstadt).	Phnom Penh
Kenia	**Kähne** (Staat) fahren **nah** an einer **Robbe** vorbei (Hauptstadt).	Nairobi
Kolumbien	Über eine **Kolumne** (Staat) **bog** sich **Otto** (Hauptstadt) vor Lachen.	Bogotá
Kongo, Demokratische Republik	King-**Kong** (Staat) ist ein **Kindshasser** (Hauptstadt).	Kinshasa
Korea, Demokratische Volksrepublik (Nordkorea)	Im **Norden** singt ein **Chor** (Staat), und es macht **Peng** im **Gang** (Hauptstadt).	Pjöngjang
Korea, Republik (Südkorea)	Im **Süden** singt ein **Chor** (Staat) **Soul** (Hauptstadt).	Seoul
Kuba	Eine **Kuh** raucht an der **Bar** (Staat) eine **Havanna**-Zigarre (Hauptstadt).	Havanna
Libanon	Ein **lieber Baron** (Staat) hat eine Stimme im **Beirat** (Hauptstadt).	Beirut
Madagaskar	Ein **Marder** sieht **glasklar** (Staat), und **an Tannen riecht** er **wohl** (Hauptstadt).	Antananarivo
Malaysia	Er **malt leise** (Staat) einen **Koala** in **Lumpen** (Hauptstadt).	Kuala Lumpur
Marokko	Auf **Makkaroni** (Staat) gibt es **Rabatt** (Hauptstadt).	Rabat
Mexiko	Ein **Mexikaner** (Staat) sucht einen anderen **Mexikaner** in der **Stadt** (Hauptstadt).	Mexiko-Stadt

Staat	Merkhilfe	Hauptstadt
Nigeria	**Nie geh hier** (Staat), dort **aber ja** (Hauptstadt).	Abuja
Peru	**Peter ruft** (Staat) nach **Limo** (Hauptstadt).	Lima
Philippinen	**Viele Lippen** (Staat) werden angemalt von einem **Mann** in **Lila** (Hauptstadt).	Manila
Saudi-Arabien	**Gaudi** haben der **Ara** und die **Bienen** (Staat), denn sie fahren **Riesenrad** (Hauptstadt).	Riad
Senegal	Mit oder ohne **Sahne** ist **egal** (Staat), aber das Mahl ist **dann gar** (Hauptstadt).	Dakar
Simbabwe	Beim **Simba-Baby** (Staat) sind noch die **Haare rar** (Hauptstadt).	Harare
Singapur	Sie **singen pur** (Staat), auch in der **Hauptstadt** (Hauptstadt).	Singapur
Südafrika	Da **sieht** man in **Afrika** (Staat) ein **Brett** am **Tor** (Hauptstadt).	Pretoria
Sudan	**So dann** (Staat) reiche die **Karten rum** (Hauptstadt).	Khartum
Syrien	In **TV-Serien** (Staat) gab es **damals** einen **Kuss** (Hauptstadt).	Damaskus
Thailand	Einem **thailändischen Boxer** (Staat) ist **bange** vor dem **Koch** (Hauptstadt).	Bangkok
Türkei	An der **Tür** ist **kein** (Staat) **Anker dran** festgemacht.	Ankara
Uganda	Die **U-Bahn da** (Staat) ist ein **Camp** für **alle** (Hauptstadt).	Kampala
Usbekistan	Die USB-Speicher befinden sich in **Kisten** (Staat) und werden in **Taschen** umgepackt, die jeder **kennt** (Hauptstadt).	Taschkent
Venezuela	Die **Vene** ist **zu** (Staat), weil es in der **Karre** zu **krass** wurde (Hauptstadt).	Caracas
Vereinigte Arabische Emirate	Die **Vereinigten Arabischen Emire** (Staat) haben ihr **Abo dabei** (Hauptstadt).	Abu Dhabi
Vietnam	Das **Vieh nahm** (Staat) den **Hahn** – er war **neu** (Hauptstadt).	Hanoi

Konnten Sie sich die kleinen Geschichten vorstellen und auch einprägen? Am besten ist es, wenn Sie die interessantesten Städte bald wiederholen, dann festigen sich deren Namen.

Flüsse und Seen

Die längsten Flüsse der Welt

Wagen wir uns nun an die längsten Flüsse der Welt – mithilfe der Ketten- und der Hilfswortmethode. Durch die Kettentechnik werden die Namen der Flüsse zu einer bildhaften Geschichte verbunden. Die zweite Technik ermöglicht es, fremde Vokabeln in bekanntere Hilfswörter umzuwandeln – auf diese Weise lassen sie sich leichter einprägen. Zum Schluss werden die richtigen Begriffe nur noch zugeordnet.

Fangen wir mit der Geschichte an:

An einem langen **Fluss** *(Auslöser) liegt das* **Krokodil vom Nil.**
Das Krokodil kommt an einem Zoo vorbei und wird **am Zoo nass.**
Des Zoowärters **langer Zeh** *kickt an eine junge Frau, eine* **Missis,** *die aussieht wie ein* **Hippi.**
Die Hippiefrau heißt **Jenni** *und hat ein Ei dabei,* **Jennis Ei.**
Das Ei schenkt sie dem **OB.**
Der Oberbürgermeister hat etwas **am Ohr.**
Aus dem Ohr kommt **gelber Fluss** *heraus.*
Der gelbe Fluss fließt bis zu King **Kong, oh.**
Der wird ganz verrückt und mäht plötzlich den Rasen. Also ein **mähender Kong.**

Abermals haben Sie hier eine verrückte Geschichte. Aber je skurriler, umso hilfreicher ist es, sich die Informationen einzuprägen. Wenn die Geschichte perfekt sitzt, können Sie die richtigen Fluss-Bezeichnungen einbeziehen. Bei einem Wort wie »Jangtsekiang« können sogar einige Wiederholungen notwendig sein, allein deshalb, um es ohne zu stottern auszusprechen. Die Merkhilfe »langer Zeh kickt an« leistet zwar einen Hinweis, aber noch nicht die ganze Arbeit. Zum Glück sind nicht alle Ausdrücke so schwer. Der Einfachheit halber habe ich die Nebenflüsse wie den Río Ucayali oder den Río Apurímac in der Hauptgeschichte weggelassen. Sollten Sie diese ebenfalls lernen wollen, nehmen Sie den jeweiligen Hauptfluss als Auslöser, und erfinden Sie selbst eine kleine Geschichte.

Merkhilfe	Fluss	Länge (in km)
An einem langen **Fluss**	Auslöser	
liegt das **Krokodil** vom **Nil** (Nil).	Nil mit Kangera-Nil	6852
Das Krokodil kommt an einem Zoo vorbei und wird **am Zoo nass** (Amazonas).	Amazonas mit Ucayali und Apurímac	6448
Des Zoowärters **langer Zeh kickt an** (Jangtsekiang)	Jangtsekiang mit Tongtian He	6380
eine junge Frau, eine **Missis**, die aussieht wie ein **Hippi** (Mississippi).	Mississippi mit Missouri River und Red Rock River	6051
Die Hippiefrau heißt **Jenni** und hat ein **Ei** dabei, **Jennis Ei** (Jenissei).	Jenissei mit den Nebenflüssen Angara, Selenga und Ider	5540
Das Ei schenkt sie dem **OB** (Ob).	Ob mit Irtysch	5410
Der Oberbürgermeister hat etwas **am Ohr** (Amur).	Amur mit den Nebenflüssen Argur und Kerulen	5052
Aus dem Ohr kommt **gelber Fluss** (Gelber Fluss) heraus.	Gelber Fluss	4845
Der gelbe Fluss fließt bis zu King **Kong, oh** (Kongo).	Kongo mit den Nebenflüssen Luvua, Luapula und Chambeshi	4835
Der wird ganz verrückt und mäht plötzlich den Rasen. Also ein **mähender Kong** (Mekong).	Mekong	4500

Bei den längsten Flüssen habe ich festgestellt, dass es unterschiedliche Angaben gibt. Sollten Sie eine andere Längenangabe bevorzugen, können Sie die Geschichte einfach umgestalten.

Deutsche Flüsse

Deutsche Flüsse kann man sich einfacher merken, da uns Namen und Aussprache vertrauter sind. Die Schwierigkeit besteht höchstens darin, dass Sie durch einen Ihnen bekannten Fluss nicht in der bildhaften Geschichte bleiben, sondern beispielsweise an Ihre letzte Reise dorthin denken und somit abgelenkt werden. Das würde das Einprägen erschweren. Also: Bitte konzentrieren Sie sich wieder nur auf die Erzählung, anschließend ordnen Sie die Flüsse zu.

Hier die Geschichte:

Auf einem **Fluss** *fährt ein* **Boot mit deutscher Flagge** *(Auslöser).*
Plötzlich **donnert** *es (Donau).*
Der Bootsführer erschrickt und fällt in den Fluss **rein** *(Rhein).*
Er stößt sich seinen **Ellenbogen** *(Elbe) an einem* **Otter** *(Oder).*
Der Otter flüchtet sich schnell ins **Moos** *(Mosel).*
Auf dem Moos liegt ein großer **Maikäfer** *(Main).*
Der Maikäfer bewegt sich nicht, er ist **innen** *(Inn) schon ganz* **verwest** *(Weser).*
Ein Tierfreund legt die verwesten Überreste in einen **Saal** *(Saale).*
Wegen des Gestanks im Saal sprüht die Putzfrau mit einem **Spray** *(Spree).*

Merkhilfe	Fluss	Länge (in km)	Länge in Deutschland (in km)
Auf einem **Fluss** fährt ein **Boot mit deutscher Flagge** (Auslöser).	Auslöser		
Plötzlich **donnert** es.	Donau mit dem Quellfluss Breg	2888	647
Der Bootsführer erschrickt und fällt in den Fluss **rein**.	Rhein	1320	865
Er stößt sich seinen **Ellenbogen**	Elbe	1091	727
an einem **Otter**.	Oder	866	179
Der Otter flüchtet sich schnell ins **Moos**.	Mosel	545	242
Auf dem Moos liegt ein großer **Maikäfer**.	Main	524	524
Der Maikäfer bewegt sich nicht, er ist **innen**	Inn	517	218
schon ganz **verwest**.	Weser	452	750
Ein Tierfreund legt die verwesten Überreste in einen **Saal**.	Saale	413	413
Wegen des Gestanks im Saal sprüht die Putzfrau mit einem **Spray**.	Spree	382	385

Hat es geklappt, oder benötigen Sie eine Wiederholung? Und bitte daran denken, dies rechtzeitig zu tun. Bereits an dem Tag, an dem Sie die Geschichte gelesen haben, können Sie die erste Wiederholung einplanen. Vergessen Sie auch nicht die Wiederholungen in größer werdenden Abständen, damit die Kette im aktiven Gedächtnis bleibt und nicht in den passiven Bereich abrutscht.

Damit es etwas abwechslungsreicher wird: Fragen Sie einfach eine/n Verwandte/n oder eine/n Bekannte/n, welche großen Flüsse sie/er in Deutschland kennt – dadurch können Sie sich die Namen besser merken und sogar die richtige

Reihenfolge ergänzen. Überlegen Sie sich gut, ob Sie die dazugehörigen Geschichten auch erzählen. Die Methode ist den Wenigsten so vertraut, um sie sofort nachvollziehen zu können. Meist ernten Sie für das Wissen reine Bewunderung, aber für die Geschichte leicht verwirrte oder sogar mitleidige Blicke.

Natürlich fließen durch Deutschland nicht nur zehn Flüsse. Da gibt es noch andere wie Ems, Neckar, Havel, Isar oder Werra. Auf jeder Deutschlandkarte finden Sie viele Flussnamen verzeichnet, mit denen Sie Ihre Geschichte nahezu endlos fortsetzen können. Da dies vermutlich nur für Kanufahrer und Flussliebhaber sinnvoll ist, habe ich die vorliegende Auswahl auf die zehn längsten Flüsse reduziert.

Flüsse von der Quelle bis zur Mündung

Wer über Quellen und Mündungen von Flüssen Bescheid weiß, kann mit detailliertem Geografie-Wissen aufwarten – und andere beeindrucken.

Sie sind jetzt bestimmt motiviert, sich die zehn längsten Flüsse, die durch Deutschland verlaufen, einschließlich Quelle und Mündung zu merken. Der Fluss dient als Auslöser, und mit einer kleinen Geschichte als Merkhilfe gelangen Sie zur Quelle und zur Mündung. Detailinteressierte können sich in entsprechenden Fachbüchern weitere geografische Kenntnisse aneignen.

Fluss	Merkhilfe	Quelle (Staat, Ort, Berg, Landschaft)	Mündungsgewässer
Donau	Es **donnert** (Fluss) **fortwährend** (Quelle) am **Schwarzen Meer** (Mündung).	Furtwangen (Baden-Württemberg)	Schwarzes Meer
Rhein	Komm **rein** (Fluss), du kannst **Thomas sehen** (Quelle), er liebt die **Nordsee** (Mündung).	Tomasee (Schweiz)	Nordsee

Fluss	Merkhilfe	Quelle (Staat, Ort, Berg, Landschaft)	Mündungsgewässer
Elbe	Der **Ellbogen** (Fluss) trifft einen **Spind**, der **leer** ist (Quelle) und an der **Nordsee** (Mündung) steht.	Špindlerův Mlýn (Tschechische Republik, Riesengebirge)	Nordsee
Oder	Der **Otter** (Fluss) **kotzt oft** (Quelle) in die **Ostsee** (Mündung).	Kozlov (Tschechische Republik)	Ostsee
Weser	Die **Wesen** (Fluss) haben **Münder** (Quelle) und trinken damit aus der **Nordsee** (Mündung).	Hann. Münden (Niedersachsen)	Nordsee
Mosel	Im **Moos** (Fluss) hält ein **Bus an** (Quelle), da will noch einer **rein** (Mündung).	Nähe Bussang (Vogesen, Frankreich)	Rhein
Main	**Mein** (Fluss) **Kulmbacher**-Bier (Quelle) ist **rein** (Mündung).	Kulmbach (Bayern, Fichtelgebirge)	Rhein
Inn	**Innen** (Fluss) war die **Majo nass** (Quelle), deshalb gab es **Donuts** (Mündung).	Majolapass (Engadin, Schweiz)	Donau
Saale	Vom **Saal** (Fluss) aus schaut man in den **Hof** (Quelle) und stützt sich mit dem **Ellenbogen** (Mündung) ab.	Hof (Bayern)	Elbe
Spree	Mit **Spray**-Dosen (Fluss) jagte man den **Eber** in den **Bach** (Quelle), er konnte in den **Hafen** (Mündung) flüchten.	Ebersbach (Oberlausitzer Bergland, Sachsen)	Havel

Die zehn größten natürlichen Seen der Welt

Weiter geht es mit den größten natürlichen Seen der Welt. Die Vorgehensweise ist wie in allen vorigen Abschnitten:

1. Geschichte laut vorlesen und bildhaft vorstellen
2. Geschichte kontrollieren

3. Richtige Zuordnung (Auslöser – See) lernen
4. Kontrolle
5. Wiederholung
6. Zukünftige Wiederholungen einplanen

Beginnen wir mit der Geschichte:

> *In einem **riesigen See** (Auslöser) schwimmt ein **Kaspar** (Kaspisches Meer).*
> *Der **Kaspar** hat Hunger, plötzlich taucht ein **Ober** neben ihm auf (Oberer See).*
> *Der **Ober** nimmt die Bestellung auf und macht mit seinen Fingern das **Victory**-Zeichen (Victoriasee).*
> *Dieses Victory-Zeichen wird auf alle **Uhren** gedruckt (Huronsee).*
> *Eine Uhr davon bekommt **Michis Gans** (Michigansee).*
> *Michis Gans trägt einen **Tanga** im **Gang** wie eine **Chica** (Tanganjikasee).*
> *Der Tanga wird anschließend **bei Karl** gesehen (Baikalsee).*
> *Karl entpuppt sich als **großer Bär** (Großer Bärensee).*
> *Ganz friedlich **malt** er auf einer **Wiese** (Malawisee).*
> *Auf der Wiese malt er **große Sklaven** (Großer Sklavensee).*

Merkhilfe	See	Lage	Größe (in km^2)
In einem **riesigen See**	Auslöser		
schwimmt ein **Kaspar**.	Kaspisches Meer	Aserbaidschan/ Russland/ Kasachstan/Turkmenistan/Iran	386 400
Der **Kaspar** hat Hunger, plötzlich taucht ein **Ober** neben ihm auf.	Oberer See (Englisch: Lake Superior; Französisch: Lac Supérieur)	USA/Kanada	82 414

Merkhilfe	See	Lage	Größe (in km²)
Der Ober nimmt die Bestellung auf und macht mit seinen Fingern das **Victory**-Zeichen.	Victoriasee	Kenia/Tansania/ Uganda	68 894
Dieses Victory-Zeichen wird auf alle **Uhren** gedruckt.	Huronsee (Englisch: Lake Huron)	USA/Kanada	59 596
Eine Uhr davon bekommt **Michis Gans**.	Michigansee	USA	58 016
Michis Gans trägt einen **Tanga** im **Gang** wie eine **Chica**.	Tanganjikasee	Tansania/ Demokratische Republik Kongo/ Sambia/Burundi	32 893
Der Tanga wird anschließend **bei Karl** gesehen.	Baikalsee	Russland	31 722
Karl entpuppt sich als **großer Bär**.	Großer Bärensee (Englisch: Great Bear Lake; Französisch: Grand Lac de l'Ours)	Kanada	31 328
Ganz friedlich **malt** er auf einer **Wiese**.	Malawisee	Malawi/ Mosambik/ Tansania	29 600
Auf der Wiese malt er **große Sklaven**.	Großer Sklavensee (Englisch: Great Slave Lake)	Kanada	28 568

Und, haben Sie die zehn größten Seen der Welt alle im Kopf? Einige Namen sind schon gewöhnungsbedürftig und nicht so leicht einzuprägen. Sollte Ihnen bei Huronsee eine bessere Eselsbrücke einfallen, können Sie natürlich diese verwenden. Mir war wichtig, dass das Buch jugendfrei ist, und ich bin froh, dass der Titicaca-See zwar das höchstgelegene kommerziell schiffbare Gewässer der Erde ist, aber nicht zu den zehn größten Seen der Erde zählt.

Die zehn größten Seen Deutschlands

Weil Ihnen vermutlich die Namen deutscher Seen bereits teilweise vertraut sind, können Sie sich diese auch leichter einprägen. Da Sie inzwischen Übung mit der Ketten- und Hilfswortmethode haben und die hiesigen Namen der Seen einfacher sind, werden Sie die Geschichte und richtige Bezeichnung in einem Durchgang lernen. Am besten, Sie reduzieren dadurch das Tempo etwas. Lesen Sie die Geschichte langsam und laut vor, stellen Sie sich diese bildhaft vor und halten jeweils kurz inne, um sich auch die richtige Bezeichnung einzuprägen. Probieren Sie es aus:

> *In einem sehr* **großen See** *mit deutscher Flagge am Strand (Auslöser) kann man bis zum* **Boden sehen** *(Bodensee).*
> *Auf dem Boden liegt eine* **Möhre** *in einer* **Ritze** *(Müritz).*
> *Ein Taucher steckt die Möhre einem Fisch in die* **Kiemen** *(Chiemsee).*
> *Der Fisch wird daraufhin ganz* **schwer** *und in einen Schwertransporter verladen (Schweriner See).*
> *Mit dem Transporter fährt ein* **Star** *mit und will die* **Berge sehen** *(Starnberger See).*
> *Vom Berg kommt eine* **Amme** *und springt in den* **See** *(Ammersee).*
> *Sie bekommt kaum Luft und wird immer* **blauer** *(Plauer See).*
> *Das macht ihrem Mann* **Kummer** *(Kummerower See).*
> *Zur Beruhigung holt er sich einen* **großen Döner** *(Großer Plöner See).*
> *Der Mann findet im Döner einen* **Stein,** *den er in seinen* **Hut** *legt. Den Döner will er nicht* **mehr** *(Steinhuder Meer).*

Und, hat es geklappt? Falls nicht, bitte die Geschichte an den Stellen, wo es bei Ihnen hakt, einfach »reparieren«. Dazu sollten Sie sich die entsprechenden Passagen wieder laut vorlesen und bildhaft vorstellen. Und bei den Bezeichnungen, die Ihnen besonders fremd sind, lassen Sie sich etwas mehr Zeit.

Für alle, die es genau wissen wollen, füge ich eine Tabelle mit ergänzenden Daten an. Diese Informationen lassen sich recht leicht anknüpfen, wenn das Grundwissen (die zehn Seen) gefestigt ist.

Merkhilfe	See	Lage	Größe (in km^2)
In einem sehr **großen See** mit deutscher Flagge am Strand	Auslöser		
kann man bis zum **Boden sehen**.	Bodensee	Baden-Württemberg/ Bayern (Schweiz/ Österreich)	536
Auf dem Boden liegt eine **Möhre** in einer **Ritze**.	Müritz	Mecklenburg-Vorpommern	117
Ein Taucher steckt die Möhre einem Fisch in die **Kiemen**.	Chiemsee	Bayern	
Der Fisch wird daraufhin ganz **schwer** und **in** einen Schwertransporter verladen.	Schweriner See	Mecklenburg-Vorpommern	61,54
Mit dem Transporter fährt ein **Star** mit und will die **Berge sehen**.	Starnberger See	Bayern	56
Vom Berg kommt eine **Amme** und springt in den **See**.	Ammersee	Bayern	46,6
Sie bekommt kaum Luft und wird immer **blauer**.	Plauer See	Mecklenburg-Vorpommern	38,4
Das macht ihrem Mann **Kummer**.	Kummerower See	Mecklenburg-Vorpommern	32,5
Zur Beruhigung holt er sich einen **großen Döner**.	Großer Plöner See	Schleswig-Holstein	30

Merkhilfe	See	Lage	Größe (in km²)
Der Mann findet im Döner einen **Stein**, den er in seinen **Hut** legt. Den Döner will er nicht **mehr**.	Steinhuder Meer	Niedersachsen	29,1

Wenn Sie die Seen im Kopf haben – vergessen Sie nicht die Wiederholungen zum Festigen des Gelernten. Sonst wird Ihr Wissen wieder verblassen und nicht mehr (so leicht) abrufbar sein.

Bedeutende Wüsten der Erde

Es ist schon unglaublich, wie viel Fläche unserer Erde mit Sand bedeckt ist. Bevor wir uns aber den Wüsten zuwenden, kurz eine andere Frage. Kennen Sie die Hunderasse Chihuahua (gesprochen: Tschiwawa)? Falls dies nicht der Fall sein sollte, dann bitte schnell einprägen, weil eine Wüste den gleichen Namen trägt und ich als Merkhilfe diese Hunderasse verwendet habe. Das geht natürlich nur, wenn die Ihnen auch bekannt ist.

Jetzt können Sie mit den bedeutenden Wüsten der Erde starten. Aufgrund der teilweise komplizierten Bezeichnungen lernen wir zunächst die Geschichte und kümmern uns später um die richtigen Bezeichnungen:

> *Ein Beduine wanderte durch die Wüste (Auslöser), und plötzlich* **sah** *er* **Haare**.
> *Die Haare stammten von einem wüsten* **Grobian**.
> *Der Grobian vermöbelte einen* **Pater**, *der* **komisch** *war*.
> *Der komische Pater flüchtete in ein* **großes Bassin**.
> *Das Bassin war gefüllt mit* **Cola** *von* **Harri**.
> *Die Cola floss raus, direkt in eine* **große Sandwüste**.

In der großen Sandwüste irrte ein kleiner Hund, ein **Chihuahua**, *umher.*
Der Chihuahua hat einen **Tacker** *dabei, mit dem er alles* **anmarkern** *kann.*
Der Tacker wird in **Gips** *vom* **Sohn** *eingewickelt.*
Der Gips fällt plötzlich auf einen **Kiesel** *und wird* **krumm**.

Die Geschichte ist recht schräg. Aber am besten, Sie denken gar nicht über ihren Inhalt nach. Kontrollieren Sie nur, ob Sie sie noch im Kopf haben. Wenn dies nicht der Fall ist, bitte wiederholen. Wenn ja, geht es weiter mit den richtigen Zuordnungen:

Merkhilfe	Name	Lage	Fläche (in km²)
Ein Beduine wanderte durch die Wüste,	Auslöser		
und plötzlich sah er **Haare**.	Sahara	Ägypten/Libyen/Mali/Niger/Sudan/Tschad	8,7 Mio.
Die Haare stammten von einem wüsten **Grobian**.	Gobi	Mongolei/Volksrepublik China	2 Mio.
Der Grobian vermöbelte einen **Pater**, der **komisch** war.	Patagonische Wüste	Argentinien	673 000
Der komische Pater flüchtete in ein **großes Bassin**.	Great Basin	USA (Colorado/Utah)	600 000
Das Bassin war gefüllt mit **Cola** von **Harri**.	Kalahari	Botswana/Namibia/Südafrika	582 750
Die Cola floss raus, direkt in eine **große Sandwüste**.	Große Sandwüste	Westaustralien	388 500
In der großen Sandwüste irrte ein kleiner Hund, ein Chihuahua, umher.	Chihuahua	Mexiko/USA	362 600

Merkhilfe	Name	Lage	Fläche (in km²)
Der Chihuahua hat einen **Tacker** dabei, mit dem er alles **anmarkern kann.**	Takla Makan	Volksrepublik China	327 400
Der Tacker wird in **Gips** vom **Sohn** eingewickelt.	Gibsonwüste	Westaustralien	310 800
Der Gips fällt plötzlich auf einen **Kiesel** und wird **krumm.**	Kysylkum	Usbekistan	300 000

Regionen von Österreich und Italien

Auch Regionen anderer Länder lassen sich relativ leicht mit der Kettentechnik in Kombination mit der Hilfswortmethode lernen. Ich habe zwei Beispiele ausgesucht, die in meinen Seminaren von Interesse waren. Zum einen betrifft das unser Nachbarland Österreich, außerdem das beliebte Urlaubsland Italien. Selbstverständlich sind auch Regionen anderer Länder auf diese Art lernbar.

Die Bundesländer von Österreich

Vielleicht können Sie bald einen Österreicher beeindrucken, indem Sie alle Bundesländer seiner Heimat kennen. Statt diese der Größe nach zu ordnen, habe ich sie gemäß einer Reiseroute aufgelistet. Die Tour beginnt im Westen, führt dann an der Grenze zu Deutschland weiter, im Osten wenden wir und kehren zurück Richtung Westen. Mit einem Blick auf die Karte haben Sie sich auch noch die richtige Lage eingeprägt. Doch zuerst die Geschichte:

Zu **Ostern** *(Auslöser) gibt es* **vorher Aal** *auf dem* **Berg** *(Vorarlberg).*
Auf dem Berg steht ein **Tier** *auf einer* **Rolle** *(Tirol).*
In dieser Rolle ist lauter **Salz** *für eine* **Burg** *(Salzburg).*

*Das Salz bekommt ein **Ober** und fühlt sich **reich** (Oberösterreich).*
*Der Ober bückt sich **nieder** (Niederösterreich) und nimmt sich dabei einen **Vino** (Wien).*
*Mit dem Vino besucht er alle **Burgen** im **Land** (Burgenland).*
*Auf einer Burg findet er eine **Steuermarke** (Steiermark).*
*Die Steuermarke klebt er auf einen **Kern** (Kärnten).*

Als Auslöser für Österreich habe ich das Wort »Ostern« gewählt. Sollte es Ihnen nicht gefallen, können Sie ihn selbstverständlich austauschen. Wenn »Skihütte im Schnee« für Sie der richtige Auslöser ist, startet Ihre Geschichte mit: »In einer Skihütte im Schnee gibt es vorher Aal auf dem Berg.«

Haben Sie die Geschichte im Kopf? Dann geht es weiter mit der richtigen Zuordnung. Ansonsten lieber wiederholen.

Merkhilfe	Bundesland
Zu Ostern (Auslöser für Österreich) gibt es **vorher Aal** auf dem **Berg**.	Vorarlberg
Auf dem Berg steht ein **Tier** auf einer **Rolle**.	Tirol
In dieser Rolle ist lauter **Salz** für eine **Burg**.	Salzburg
Das Salz bekommt ein **Ober** und fühlt sich **reich**.	Oberösterreich
Der Ober bückt sich **nieder**	Niederösterreich
und nimmt sich dabei einen **Vino**.	Wien
Mit dem Vino besucht er alle **Burgen** im **Land**.	Burgenland
Auf einer Burg findet er eine **Steuermarke**.	Steiermark
Die Steuermarke klebt er auf einen **Kern**.	Kärnten

Die Regionen Italiens

Dieselbe Methode funktioniert mit den italienischen Regionen. Einige sind Ihnen sicher bereits vertraut, sodass ihre Bezeichnungen nicht neu gelernt werden müssen. Bei den weniger bekannten Regionen kommen diese Ausdrücke als zusätzlicher Lernaufwand hinzu.

Die Regionen sind geografisch von Norden nach Süden geordnet. Damit prägen Sie sich nicht nur die Regionen ein, sondern auch grob die Lage. Ein Blick auf die Landkarte festigt das Wissen.

Die Geschichte ist etwas länger, manchmal gewöhnungsbedürftig. Versuchen Sie trotzdem, sich alles bildhaft vorzustellen. Als Auslöser habe ich das Wort »Stiefel« verwendet, also den Umriss Italiens:

Auf einem **italienischen Stiefel** *(Auslöser) liegt eine* **Auster.** *Die Auster geht auf, und innen kommt eine* **Piemont**-*Kirsche zum Vorschein.*
Die Kirsche erhält ein **lumpiger Barde.**
Der Barde trennt einen **Dino** *auf.*
Der Dino geht auf, und in dem Dino **liegen Uhren drin.**
Eine Uhr drückt stark auf eine **Vene ein.**
Deswegen **friert** *er* **auch** *im* **Juli.**
Da wärmt **Emilia** *ihn ganz* **romantisch.**
Romantisch geht es weiter auf einem **tosenden Kahn.**
Der tosende Kahn fährt **um Priele** *herum.*
In den Prielen schwimmen lauter **Briefmarken.**
Eine Marke hat einen **Latz um.**
Dieser Latz ist zum **Abputzen.**
Abputzen muss sich noch die **Kompanie.**
Die ganze Kompanie, oh je, im **Moor liegt se.**
Im Moor finden sie eine **Ampulle.**
Die Ampulle bringen sie in eine **Basilika.**
In der Basilika ist der Techniker am **Kalibrieren** *der Orgel.*
Die kalibrierte Orgel riecht nach **Sardellen.**
Die Sardellen, Hilfe, **sie zielen** *auf eine italienische Insel.*

Merkgeschichte	Regionen Italiens von Norden nach Süden
Auf einem **italienischen Stiefel** (Auslöser) liegt eine **Auster**.	Aostatal
Die Auster geht auf, und innen kommt eine **Piemont**-Kirsche zum Vorschein.	Piemont
Die Kirsche erhält ein **lumpiger Barde**.	Lombardei
Der Barde **trennt** einen **Dino** auf.	Trentino (Südtirol)
Der Dino geht auf, und in dem Dino **liegen Uhren drin**.	Ligurien
Eine Uhr drückt stark auf eine **Vene ein**.	Venetien
Deswegen **friert** er **auch** im **Juli**.	Friaul-Julisch Venetien
Da wärmt **Emilia** ihn ganz **romantisch**.	Emilia-Romagna
Romantisch geht es weiter auf einem **tosenden Kahn**.	Toskana
Der tosende Kann fährt **um Priele** herum.	Umbrien
In den Prielen schwimmen lauter **Briefmarken**.	Marken
Eine Marke hat einen **Latz um**.	Latium
Dieser Latz ist zum **Abputzen**.	Abruzzen
Abputzen muss sich noch die **Kompanie**.	Kampanien
Die ganze Kompanie, oh je, im **Moor liegt se**.	Molise
Im Moor finden sie eine **Ampulle**.	Apulien
Die Ampulle bringen sie in eine **Basilika**.	Basilikata
In der Basilika ist der Techniker am **Kalibrieren** der Orgel.	Kalabrien
Die kalibrierte Orgel riecht nach **Sardellen**.	Sardinien
Die Sardellen, Hilfe, **sie zielen** auf eine italienische Insel.	Sizilien

Wenn Sie sich diese Geschichte in einem ersten Durchgang merken konnten, sind Sie ein Meister der Mnemotechnik, ein Gedächtniskünstler, und können stolz auf sich sein. Vermutlich kann auch nur ein ganz geringer Teil der italienischen Bevölkerung die Regionen des eigenen Landes auswendig aufsagen, noch dazu in dieser Reihenfolge. Höchstens Personen, die viel mit dem Auto in Italien unterwegs sind und sich die Regionen nach und nach eingeprägt haben, können hier mithalten. Also Gratulation, wenn Sie eine solche Lernleistung bewältigt haben.

Damit möchte ich das Geografie-Kapitel beschließen. Mir ist völlig klar, dass die von mir getroffene Auswahl keinen Anspruch auf Vollständigkeit hat und es noch viele interessante geografische Informationen gibt. Dennoch hoffe ich, dass die von mir ausgesuchten Daten und Fakten nützlich und wertvoll für Sie sein können. Außerdem habe ich die Menge so ausgewählt, dass sie noch lernbar ist.

3 Geschichte und Politik

Reizt es Sie, Ihr Allgemeinwissen in den Bereichen Geschichte und Politik zu erhöhen? Durch mehr geschichtliches und politisches Hintergrundwissen können wir viele aktuelle Zustände und Zusammenhänge besser verstehen. Geschichte und Politik sind allerdings unendlich weite Felder. Allein die detaillierte Chronik eines deutschen Bundeslandes füllt unzählige Werke, die Biografien von Feldherren und Politikern ganze Bibliotheken.

Es gibt aber noch eine andere Erschwernis: Lernmotivation und die jeweiligen Interessensgebiete können in diesen beiden Bereichen sehr unterschiedlich sein. Deshalb entschied ich mich dafür, nicht zu sehr ins Detail zu gehen und die Auswahl der Themen begrenzt zu halten. Ich habe mich hier auf einige wenige Eckdaten konzentriert, an die Sie leicht vertiefende Informationen anknüpfen können. Je enger die Maschen Ihres Wissensnetzes geknüpft sind, umso leichter fällt es, zusätzlich neue Inhalte zu erwerben.

Wollen Sie sich auf den Feldern Geschichte und Politik mehr Informationen aneignen, können Sie dies zum Beispiel mit der Lernkartei tun (siehe S. 57). Schreiben Sie dazu die Fragen auf die Vorder- und den Lerninhalt auf die Rückseite einer Karteikarte. Durch Wiederholungen, die Sie in größer werdenden Abständen durchführen, gelangt das neue Wissen schließlich ins Langzeitgedächtnis.

Bei einem Fachgebiet wie Geschichte sind natürlich Jahreszahlen von elementarer Bedeutung. Wann war die Französische Revolution? Wann wurde John F. Kennedy ermordet? Wann fiel die Berliner Mauer? Bei Ereignissen von derart großer Bedeutung – und das nicht nur für Frankreich, die Vereinigten Staaten oder Deutschland – möchte man die entsprechende Jahreszahl unmittelbar im Kopf haben. Für das Merken von Zahlen (und damit auch historischen Daten) bietet sich eine besondere Methode an, die ich später erkläre (siehe S. 154 ff.) und dort in vielen Beispielen anwende. Aus diesem Grund beschränke ich mich in diesem Kapitel auf geschichtliche Zusammenhänge und einzelne Fakten.

Anfangs überlegte ich, womit ich meine kleine Auswahl beginnen sollte. Schließlich dachte ich, es sei das Sinnvollste, mit der Menschheitsgeschichte ganz allgemein anzufangen. Und dafür entschied ich mich auch. Danach mache ich einen großen Sprung zu früheren Herrschern und Pharaonen, gefolgt von einer Geschichte Deutschlands in Grundzügen, den Bundeskanzlern und Bundespräsidenten. Die G-8-Staaten bilden den Abschluss.

Alle Informationen sind in der Ihnen schon bekannten Form aufbereitet, in bildhaften und lustigen Geschichten – so sind sie am leichtesten einzuprägen und im Gedächtnis zu verankern. Machen Sie einfach mit! Sie werden am Ende von Ihrem eigenen Allgemeinwissen begeistert sein.

Perioden der Menschheitsgeschichte

Die einzelnen Entwicklungsstufen in der Menschheitsgeschichte werden in verschiedene Perioden unterteilt. Meine Liste bietet nur eine grobe Übersicht mit den wichtigsten Phasen. Es gibt noch viele einzelne Zwischenstufen, doch sich diese zu merken, wäre zu kompliziert und würde den Rahmen des Buchs sprengen.

Da es sich also nur um ein paar Begriffe handelt, die Sie nicht vergessen sollen, können Sie die mit ihnen verbundene

Erzählung gleich mit den Merkinhalten lernen. Achten Sie bitte darauf, dass Sie sich die Handlung vor Ihrem geistigen Auge konkret vorstellen und nicht nur die folgenden Zeilen schnell lesen. Lautes Vorlesen hilft auch hier, um gute Bilder zu erzeugen.

Hier die Geschichte:

Ein **Urzeitmensch** *(Menschheitsgeschichte)*
befestigt einen **Stein** *(Steinzeit)*
an einer **Bronzemedaille** *(Bronzezeit).*
Diese Bronzemedaille hängen Sie zur Verzierung an das Ende einer **Eisenstange** *(Eisenzeit).*
Mit der Eisenstange schlagen Sie dann auf einen **hohen Kulturbeutel** *(Hochkultur).*

Gemerkt? Das können Sie rasch überprüfen, indem Sie die Zeilen mit der Hand zuhalten und sich die Geschichte erneut in Erinnerung rufen? Hat sie sich gut im Kopf verankert? Nein? Dann lesen Sie sich diese nochmals laut vor und malen Sie sich die Handlung deutlich vor Ihrem inneren Auge aus. Ja, gemacht? Dann brauchen Sie jetzt nur die Perioden zu wiederholen.

Zur Übersicht die einzelnen Perioden der Menschheitsgeschichte in Tabellenform:

Merkhilfe	Perioden
Ein **Urzeitmensch**	Menschheitsgeschichte
befestigt einen **Stein**	Steinzeit
an einer **Bronzemedaille**.	Bronzezeit
Diese Bronzemedaille hängen Sie zur Verzierung an das Ende einer **Eisenstange**.	Eisenzeit
Mit der Eisenstange schlagen Sie dann auf einen **hohen Kulturbeutel**.	Hochkultur

Geschafft? War ja auch recht einfach. Die nachfolgenden Informationsbeispiele werden etwas anspruchsvoller. Hauptsächlich liegt das daran, dass die Begriffe schwieriger werden und uns die Namen der Herrscher oder Pharaonen meist nicht sehr vertraut sind. Dafür werden die Geschichten aber etwas abstruser und lustiger. Je schwerer der Name, umso wilder sollte die kreative Eselsbrücke sein.

Ägyptische Pharaonen

Heute ist im Ägyptischen ein Pharao gleichbedeutend mit einem Herrscher, einem König. Ursprünglich war das Wort aber nicht auf eine Person bezogen, sondern bezeichnete ein »großes Haus«. In meiner Liste habe ich die Namen der bekanntesten Pharaonen chronologisch geordnet und in eine Geschichte umgewandelt. Am Ende kennen Sie alle wichtigen Regenten des Alten Ägypten auswendig. Sollten Sie einmal nach Ägypten fahren oder einer Ihrer Bekannten von einem Urlaub aus diesem Land zurückkommen, können Sie mit Ihrem Wissen punkten.

Da die Erzählung etwas kompliziert ist, ist Ihr Vorgehen in diesem Fall die Zwei-Schritt-Technik: Zuerst nehmen Sie die Geschichte auf, erst danach fangen Sie mit der Zuordnung der richtigen Namen an.

Die eigenartige Satzstellung wird Sie manchmal verwundern, aber sie ist notwendig, um die passenden Wörter zu erhalten. Bitte achten Sie darauf, dass Sie sich vor allem die fett gedruckten Wörter genau so einprägen, wie Sie sie hier lesen. Wenn es Ihnen zu bunt wird, einfach kurz innehalten und sich die Handlung in einem langsameren Tempo bildhaft vorstellen. Sollten Ihnen die Bilder seltsam erscheinen, lassen Sie sich davon nicht irritieren. Und erst wenn Sie sich die einzelnen Satzpassagen konkret vorgestellt haben, lesen Sie weiter, vorher nicht.

Los geht's:

Auf der **Pyramide** *steht ein* **Pfarrer**
mit einer **Dose**, *in der sich* **Chips** *befinden.*
*Die reizen seine Nase, und er macht »*Hatschi*« und spuckt etwas* **Sud** *aus.*
Den Sud **tut** *er aufs* **Moos**, **drei***mal.*
Das ist so laut, dass es ein **Echo nah** *am* **Ton** *gibt.*
Das Echo erschreckt einen **Truthahn am Huhn**.
Der Truthahn **rammt** *statt des Huhns einen großen* **Sessel**, **zwei***mal.*

Gemerkt? Am besten sofort überprüfen. Und vermutlich fragen Sie sich schon, welche Pharaonen sich dahinter verbergen. Einige werden Sie wahrscheinlich erkannt haben. Hier die Auflösung:

Merkhilfe	Ägyptischer Pharao
Auf der **Pyramide** steht ein **Pfarrer**	Auslöser für ägyptische Pharaonen
mit einer **Dose**,	Djoser
in der sich **Chips** befinden.	Cheops
Die reizen seine Nase, und er macht »Hatschi« und spuckt etwas **Sud** aus.	Hatschepsut
Den Sud **tut** er aufs **Moos**, **drei**mal.	Thutmosis III.
Das ist so laut, dass es ein **Echo nah** am **Ton** gibt.	Echnaton
Das Echo erschreckt einen **Truthahn am Huhn**.	Tutanchamun
Der Truthahn **rammt** statt des Huhns einen großen **Sessel**, **zwei**mal.	Ramses II. (der Große)

Ich gebe zu, einige Verknüpfungen sind gewöhnungsbedürftig. Aber Namen wie Echnaton und Tutanchamun prägen sich so am besten ein. Jetzt ist es wichtig, dass Sie auch die Namen wiederholen und nicht nur die Geschichte. Also: überprüfen!

Natürlich gab es im Alten Ägypten noch eine Menge mehr Pharaonen, aus ihrer Vielzahl habe ich nur einige ausgesucht. Sollten Sie weitere Namen lernen wollen, bauen Sie die Geschichte mit Ihren Vorschlägen aus.

Berühmte Herrscher der Antike

Sie sehen gern Filme, die in der Antike spielen? Und Sie haben sich bei den historischen Stoffen schon so manches Mal gefragt, welcher Herrscher wann welches Reich regiert hat? Kennt man die geschichtlichen Zusammenhänge genauer, macht das Schauen solcher Filme gleich viel mehr Spaß!

Hier lernen Sie die Namen der berühmtesten Regenten der Antike. Die Liste habe ich auf die wichtigsten Persönlichkeiten reduziert, auch habe ich mich dabei auf die Namen und das jeweilige Herrschaftsgebiet konzentriert. Um das Lernen der wichtigsten Zahlen müssen Sie sich nicht kümmern, das kommt später (siehe S. 154 ff.), da können Sie den Herrschern die jeweilige Regierungszeit zuordnen, hier habe ich sie lediglich dazugefügt.

Sind Sie gut im Training? Dann können Sie mit der Geschichte und den Lerninhalten beginnen:

Der erste **berühmte Herrscher** *(Auslöser)*
sitzt auf einem antiken **Perserteppich** *(Persien)*
*und ruft immer »***Hexhex***« (Xerxes I.).*
Auf dem Teppich erscheinen **Makkaroni** *(Makedonien) –*
und die sehen **alle anders** *aus (Alexander), eine ist besonders* **groß** *(Alexander der Große).*
Die Makkaroni kommen in den **Römertopf** *(Römisches Reich)*
und werden von dem lustigen Clown **August** *(Augustus) gegessen.*

*Den **Römertopf** gewinnt später ein Held, ein **Hero** (Nero).*
*Der Hero hat sich überfressen und **kotzt dann groß** (Konstantin der Große) die **Pizza an die Nische** – jetzt **reicht's** (Byzantinisches Reich).*

Haben Sie die Geschichte verdaut? Meine Testpersonen haben sie sich unglaublich schnell gemerkt. Einer von ihnen lachte Tränen und fragte mich, was ich heute früh zum Frühstück gegessen hätte, er wolle das Gleiche.

Können Sie die Erzählung wiedergeben? Ja, dann geht es jetzt um die richtigen Zuordnungen:

Name	Land	Regierungszeit
Xerxes I.	Persien	486 – 465 v. Chr.
Alexander der Große	Makedonien	336 – 323 v. Chr.
Augustus	Römisches Reich	27 v. Chr. – 14 n. Chr.
Nero	Römisches Reich	54 – 68 n. Chr.
Konstantin der Große	Byzantinisches Reich	324 – 337 n. Chr.

Auch in diesem Fall erst zum nächsten Abschnitt gehen, wenn Sie die Namen und die entsprechenden Länder nennen können.

Große Herrscher des Mittelalters

Und – haben Sie noch Lust auf weitere Regenten und ihre eigenartigen Geschichten? Einige Herrscher aus dem Mittelalter sind es unbedingt wert, dass man ihre Namen nicht vergisst. Auch hier merken Sie sich nicht nur die Namen in der chronologisch richtigen Reihenfolge, sondern zudem noch das entsprechende Land dazu.

Viel Erfolg beim Vorstellen der Handlung. Lieber langsam lesen, es wird wild.

Im **mittleren Alter** *(Mittelalter)*
bekommt man manchmal **kahle, große** *(Karl der Große) Stellen auf dem Kopf –*
auch als reicher **König** *mit vielen* **Franken** *(König der Franken).*
Die Franken bewacht ein **großer Otter** *(Otto I. der Große),*
der legt sich **friedlich** *(Friedrich der I.)*
neben einen **Barbar** *mit* **Ross** *(Barbarossa).*
Der Otter und der Barbar essen **Hai** *im* **Römertopf** *(Heiliges Römisches Reich).*
Den leeren Römertopf bekommt der **erste Löwe** *mit* **Herz**, *der riecht nach* **Harz** *(Richard der I., Löwenherz).*
Der Geruch ist stark, denn es ist **eng** *im* **Land** *(England).*
Der Geruch kommt vom alten **Salat** *in seinem Bauch (Saladin).*
Der Salat stammt von den **Pyramiden** *(Ägypten).*
Neben den Pyramiden steht ein Schild mit der Aufschrift »**Sieh hier rein**« *(Syrien).*

Vielleicht ist Ihnen aufgefallen, dass ich bei Ägypten einen inhaltlichen Auslöser (Pyramiden) und bei Syrien einen verwendet habe, der der Aussprache des Wortes nahekommt (»Sieh hier rein«). Nach mehreren Tests hat diese Variante am besten funktioniert. Das Ziel ist, dass Sie sich Allgemeinwissen so leicht und schnell wie möglich merken sollen, und deshalb ist dieser methodische Wechsel innerhalb einer Geschichte ausnahmsweise in Ordnung.

Haben Sie die Erzählung langsam gelesen? Konnten Sie sich diese einprägen? Haben Sie sie schon wiederholt?

Die Namen und Länder nun noch einmal in Tabellenform (wie gesagt, um das Einprägen der Zahlen kümmern Sie sich später):

Name	Land/Reich	Gelebt von ... bis ...
Karl der Große	König der Franken (Römischer Kaiser)	747 oder 748 – 814
Otto I. der Große	Heiliges Römisches Reich	912 – 973
Friedrich der I. Barbarossa	Heiliges Römisches Reich	1122 – 1190
Richard der I. Löwenherz	England	1157 – 1199
Saladin	Ägypten und Syrien	1137 oder 1138 – 1193

Und bitte wieder überprüfen, ob Sie alles richtig nennen können. Die Merkgeschichte verschwindet nach und nach aus Ihrem Gedächtnis, zurück bleibt das alleinige Wissen.

Die Geschichte Deutschlands

Sind Sie fit, wenn es um die deutsche Geschichte geht? Ich nehme mal an, dass Sie etwas zögerlich werden, was die Zeit vor dem letzten Kaiserreich betrifft. Da haben jedenfalls viele das Gefühl, unsicheres Terrain zu betreten, wenn es um eine genaue zeitliche Zuordnung geht. Die Staatsbezeichnung »Deutschland« wurde erst mit der Gründung des Deutschen Reichs 1871 eingeführt, zuvor gab es eher einzelne Herrschaftsgebiete, vorstaatliche Gebilde oder Staatenbünde. Darum steht hier im Fokus Deutschland ab 1871.

Geschichtliche Phasen wie der Erste Weltkrieg, die Zeit des Nationalsozialismus oder der Zweite Weltkrieg haben mich natürlich zurückgehalten, eine verrückte Bildergeschichte zu erzählen. Trotzdem wollte ich ihren Inhalt so aufbereiten, dass er sich praktisch wie von selbst einprägt. Dabei herausgekommen ist eine Handlung, die dem Verlauf der deutschen Geschichte entspricht und für jüngere Personen gedacht ist, denen die Ereignisse noch nicht sehr vertraut sind (die Jahreszahlen wurden auch hier ausgelagert):

Ein **deutscher Kaiser** *(Auslöser und Merkhilfe für Deutsches Kaiserreich)*
zieht als **Erster** *in den* **Krieg** *(Erster Weltkrieg).*
Dort **weint** *er mit dem gesamten* **Publikum** *(Weimarer Republik).*
Vor das Publikum stellt sich ein **Nazi***, der* **reich** *sein will, aber nicht* **sozial** *ist (Deutsches Reich, Nationalsozialismus).*
Der Nazi zettelt den **Zweiten Weltkrieg** *an (Zweiter Weltkrieg) und stirbt dabei endlich.*
In das Land kommen die Siegermächte und **besetzen** *es (Besatzungszeit),*
teilen es dann mit einer riesigen Mauer in **Adlerland** *(Bundesadler für Bundesrepublik Deutschland)*
und **Trabi-Land** *(Trabant als Auslöser für die damalige DDR).*
Ganz viele Trabis fahren gegen die **riesige Mauer** *und bringen sie zu* **Fall** *(Mauerfall).*
Daraufhin **vereinigen** *sich beide Teile* **wieder** *zu einem großen* **Adlerland** *(Bundesrepublik Deutschland).*

Die Story ist recht einfach und in sich sogar logischer und nachvollziehbarer als viele andere Geschichten in diesem Buch. Bitte überprüfen Sie dennoch, ob Sie sie sich merken konnten.

Als Ergänzung die Jahreszahlen:

Zeit	Bezeichnung
1871–1918	Deutsches Kaiserreich
1914–1918	Erster Weltkrieg
1919–1933	Weimarer Republik
1933–1945	Zeit des Nationalsozialismus
1939–1945	Zweiter Weltkrieg
1945–1949	Besatzungszeit
1949	Teilung Deutschlands

Zeit	Bezeichnung
1949–1990	Bundesrepublik Deutschland/DDR
1989	Mauerfall
1990	Wiedervereinigung

Überprüfen Sie, ob Sie die Bezeichnungen korrekt nennen können. Spätestens jetzt können Sie die Weimarer Republik zeitlich einordnen und haben die Entwicklung der deutschen Geschichte im Kopf.

Deutsche Bundeskanzler

Die ehemaligen Kanzler der Bundesrepublik Deutschland sollte jeder kennen, die amtierende Kanzlerin sowieso. Das gehört zum Allgemeinwissen einfach dazu.

Im Internet habe ich einen Spruch gefunden, der meiner Meinung nach eine interessante Merkhilfe für diesen Wissensbereich darstellt. Bei diesem Satz werden die Anfangsbuchstaben der bisherigen Kanzler zusammengefasst. Was mir so gut an ihm gefiel: Er hat auch noch inhaltlich etwas mit den Regierungschefs zu tun.

Alle ehemaligen Kanzler bringen samstags keine Semmeln mit.

Kanzler	Anfangsbuchstabe	Merkhilfe
Adenauer	A	Alle
Ehrhard	E	Ehemaligen
Kiesinger	K	Kanzler
Brandt	B	Bringen
Schmidt	S	Samstags
Kohl	K	Keine
Schröder	S	Semmeln
Merkel	M	Mit

Eingeprägt? Oder finden Sie diesen Spruch zu langweilig? Ein Freund bot mir folgenden Reim als Merkhilfe an, der einigen meiner Seminarteilnehmer sehr gut gefiel:

An der Mauer steht der Adenauer, und dann sitzt eher hart im Kart, der Erhard.
    Da küsst er seinen Finger, der Kiesinger, und zeigt damit auf die Wand, denn da steht Brandt.
    Vorbei im schnellen Schritt kommt der Schmidt, und nicht so wohl fühlt sich dabei Kohl.
    Und kein Blöder ist der Schröder, er übergibt ein Ferkel an die Merkel.

Persönlich gefällt mir dieser Merksatz besser, da die meisten Namen bekannt sind. Es geht bei ihm darum, niemanden zu vergessen, die Namen schnell benennen zu können und die richtige Reihenfolge einzuhalten.
    Wählen Sie die Methode, die Ihnen besser gefällt. Hauptsache, Sie haben am Ende die Kanzler in der richtigen Reihenfolge im Kopf.

Deutsche Bundespräsidenten

Ob Bundeskanzler oder Bundespräsidenten – ihre Namen gehören zur Geschichte der Bundesrepublik Deutschland und damit zum Allgemeinwissen. Da sie nicht mehr so geläufig sind wie die der Bundeskanzler, habe ich mich zum besseren Einprägen für eine Merkgeschichte – und damit für die Kettenmethode – entschieden.
    Als Auslöser wählte ich das Schloss Bellevue in Berlin, das der Wohnsitz des jeweils aktuellen Bundespräsidenten ist. Stellen Sie sich vor, Sie besuchen den Bundespräsidenten in diesem Schloss, und es passiert etwas ganz Merkwürdiges:

Vor dem **Schloss Bellevue** *(Auslöser) liegt* **Heu** *(Heuss).*
In dem Heu ist eine große **Lücke** *(Lübke).*
Durch die Lücke kommt plötzlich ein **Hai***, ruft »***Nee Mann***« (Heinemann)*
und schaut dabei ganz **scheel** *(Scheel),*
weil er sich an einem **Kasten** *(Carstens) gestoßen hat.*
Der Kasten öffnet sich, und es fällt ein **Weizensack** *(von Weizsäcker) heraus.*
Der Weizensack rollt direkt einem **Herzog** *(Herzog) vor die Füße.*
Der Herzog ruft mit **rauer** *(Rau) Stimme*
einen **Köhler** *(Köhler) herbei.*
Dieser kommt mit seinem **Wolf** *(Wulff).*
Der Wolf war unartig und wurde deshalb vom **Gaukler** *gezähmt (Gauck).*

Merkhilfe	Bundespräsidenten
Vor dem **Schloss Bellevue**	Auslöser
liegt **Heu**.	Heuss
In dem Heu ist eine große **Lücke**.	Lübke
Durch die Lücke kommt plötzlich ein **Hai**, ruft »**Nee Mann**«	Heinemann
und schaut dabei ganz **scheel**,	Scheel
weil er sich an einem **Kasten** gestoßen hat.	Carstens
Der Kasten öffnet sich, und es fällt ein **Weizensack** heraus.	von Weizsäcker
Der Weizensack rollt direkt einem **Herzog** vor die Füße.	Herzog
Der Herzog ruft mit **rauer** Stimme	Rau
einen **Köhler** herbei.	Köhler
Dieser kommt mit seinem **Wolf**.	Wulff
Der Wolf war unartig und wurde deshalb vom **Gaukler** gezähmt.	Gauck

Dies war wieder eine seltsame, aber einprägsame Geschichte. Ab jetzt haben Sie die Bundespräsidenten dauerhaft im Kopf, wenn Sie die Story ein paar Mal wiederholen.

Verspüren Sie überhaupt noch Lust, die Geschichten zu wiederholen? Ohne ein solches Vorgehen wird sich das Wissen nur bei absoluten Ausnahmetalenten direkt im Langzeitgedächtnis verankern. Wiederholen Sie einfach zuerst nur die Geschichten, die Ihnen wichtig sind. Eine Wiederholung kann auch sein, dass Sie in Ihrem Umfeld nachfragen, wer alle Bundespräsidenten im Kopf hat. Auch dabei vertiefen Sie Ihr Wissen. Bewahren Sie dabei aber Leichtigkeit und Lockerheit – so wird Ihnen Lernen mehr Freude bereiten.

Damit wollen wir das Einprägen von Fakten speziell zur Deutschen Geschichte abschließen.

Die G-8-Staaten

Die G-8-Staaten sollte auch jeder von uns sofort nennen können. Selbstverständlich könnten wir aus den Anfangsbuchstaben der Länder einen Merksatz oder ein Merkwort bilden. Oder, wie schon so häufig, eine bildhafte Geschichte aus stellvertretenden Auslösern konstruieren, die an das entsprechende Land erinnern.

Das kann man, das muss man aber nicht. Diesmal sollen Sie eine andere Methode benutzen. Stellen Sie sich vor, dass sich alle Staatsoberhäupter zum Essen treffen. Jedes Land wird durch Speisen oder Getränke repräsentiert. In der Zusammenstellung ging es mir nicht um eine Gewichtung der Länder oder eine schmackhafte Zubereitung eines Drei-Sterne-Menüs, sondern darum, dass jede Speise und jedes Getränk sofort an ein jeweiliges Land erinnert.

Versuchen Sie, sich das komplette Menü vorzustellen. Selbst wenn Sie wenig Lust auf diese Mahlzeit hätten, ist die bildhafte Imagination wichtig für das Einprägen. Wenn Sie alle Bestandteile der Mahlzeit geistig gut auf die innere Leinwand projiziert haben, werden Ihnen das Essen, die Getränke und damit auch die Länder sofort einfallen.

Bei dem Treffen der G-8-Staatsoberhäupter wurde serviert:

Vorspeisen: Baguette (Frankreich)
Sushi (Japan)
Hauptgang: Hamburger (USA)
Kartoffeln (Deutschland)
Nachspeise: Spaghetti-Eis (Italien)
mit Ahornsirup (Kanada)
Getränke: Tee (England)
Wodka (Russland)

Gemerkt? Am besten gleich überprüfen.

Und hat es geklappt? Meistens ja? Falls nicht, bitte sofort nochmals die einzelnen Zutaten bildhaft einprägen.

Das war's! Mir ist klar, dass Geschichtsfans und politisch interessierte Menschen sich mehr historische Themen gewünscht hätten. Versuchen Sie es selbst: Suchen Sie sich die Basisdaten heraus, die Sie gern zu Ihrem Allgemeinwissen zählen würden, und erweitern Sie diese mithilfe der Mnemotechnik. Erfinden Sie bildhafte Storys, und merken Sie sich über dieses kreative Vorgehen die Inhalte, die Sie über noch so viel logisches Denken nicht behalten können. Sie werden merken: Eine ganz neue Welt eröffnet sich Ihnen! Und wenn Sie sich mit dem Kapitel »Zahlen behalten mit Methode« (siehe S. 155 ff.) beschäftigen, werden Sie merken, dass dort Ihr Steckenpferd Geschichte keineswegs zu kurz kommt.

4 Kultur

Und? Haben Sie noch Lust auf mehr Allgemeinwissen? Oder raucht Ihr Kopf schon von den vielen Daten und abstrusen Geschichten? Sie können gar nicht genug bekommen? Das ist gut, denn hier haben Sie ein längeres Kapitel vor sich, das der Kultur gewidmet ist. Hier werden Sie mit interessanten Gebieten wie Literatur, Kunst, Bauwerken, Sehenswürdigkeiten und vielen anderen spannenden Dingen konfrontiert, die Sie bestimmt beeindrucken werden. Beginnen möchte ich mit einem Ausflug in die griechische Mythologie.

Die Merktechnik habe ich jeweils entsprechend der Informationen ausgewählt, um die es geht.

Olympische Götter

Wollten Sie schon immer einmal die olympischen Götter genauer kennenlernen? Möchten Sie wissen, welche Funktionen etwa Zeus, Poseidon oder Athene auf dem Olymp ausübten? Jetzt haben Sie die Chance, sich all die Götter einfach einzuprägen, gleichsam mit ihrer »Berufsbezeichnung«. Erwähnt jemand in Zukunft beispielsweise Poseidon, können Sie sofort sagen, dass er der Gott des Meeres, der Erdbeben und der Pferde ist. Natürlich bereitet Ihnen mit diesem Wissen das Sehen von Filmen mit antikem und mythologischem Inhalt auch mehr Freude, weil Sie die Hintergründe leichter einordnen können. Und haben Sie sich erst einmal Götter-

Grundwissen angeeignet, können Sie leicht weiteres Wissen aufbauen.

Das Grundwissen erlangen Sie, da aus dem jeweiligen Namen – als Auslöser – kleine Merkgeschichten erstellt wurden, die die einzelnen Bereiche beinhalten, in denen die Gottheiten agieren oder ihr Unwesen treiben. Wichtig ist, dass Sie sich die Merkgeschichten wieder bildhaft vorstellen und nicht nur durchlesen. Das geistige Bild prägt sich dann fast wie von selbst ein, und nach ein paar Wiederholungen brauchen Sie die Merkgeschichten auch nicht mehr. Sollten Sie die Zuordnung schon kennen, ist die Merkgeschichte natürlich überflüssig. Gehen Sie in diesen Fällen einfach zum nächsten olympischen Gott über.

Name	Merkhilfe	Beschreibung
Zeus	Schlechte Noten im **Zeugnis** (Zeus). Die Reaktion darauf im **Himmel**: **Blitz** und **Donner**.	Göttervater, Herrscher über Himmel, Blitz und Donner
Poseidon	Am **Po** ist **Seide** (Poseidon). Diese wird im **Meer** gewaschen. Daraufhin gibt es ein **Erdbeben**, was die **Pferde** erschreckt.	Gott des Meeres, der Erdbeben und Pferde
Hera	Komm **her** (Hera) zu mir aus deiner **Familie**, und gehe eine **Ehe** ein mit mir bis zur **Geburt**, denn ich bin die **Gattin** und **Schwester** des **Zeus**.	Göttin der Familien, Ehe und der Geburt, Gattin und Schwester des Zeus
Demeter	**Der Meter** (Demeter) **Erde** ist voller **Fruchtbarkeit** und fördert das **Wachstum**.	Göttin der Erde, der Fruchtbarkeit und des Wachstums
Apollon	Im Raumschiff **Apollo** (Apollon) werden **Poesie**-Alben transportiert. Das **Licht** scheint darauf, und man kann eine **Prophezeiung** lesen.	Gott der Poesie, des Lichts und der Prophetie
Artemis	Die **Arterie** – und das ist **Mist** – (Artemis) wird bei der **Jagd** getroffen, aber der **Mond** heilt die Wunde.	Göttin der Jagd und des Mondes

Name	Merkhilfe	Beschreibung
Athene	Die **Antenne** (Athene) übermittelt **Weisheit** in die **Stadt**.	Göttin der Weisheit, Stadtgöttin Athens
Ares	Es wird **Arrest** (Ares) verhängt, wegen des **Krieges** und der **Schlachten**.	Gott des Krieges und der Schlachten
Aphrodite	Der **Afro** steht **Dieter** (Aphrodite) nicht. Er wünscht sich **Liebe** und **Schönheit**.	Göttin der Liebe und der Schönheit
Hermes	Ein **Herr** mit einem **Messer** (Hermes) wehrt sich gegen **Diebe** und **handelt** gemeinsam mit **Reisenden** und einem **Götterboten**.	Gott der Diebe und der Handelns und der Reisenden, Götterbote
Hephaistos	**He**, ein **feist**er **Stoß** (Hephaistos) in den **Vulkan** mit **Feuer**. Das Feuer braucht man für **Schmiedekunst** und **Architektur**.	Gott der Vulkane, des Feuers, der Schmiedekunst und der Architektur
Dionysos	Eine **Diode** funkt **nie SOS** (Dionysos), wenn sie im **Wein** liegt, der voller **Ekstase** von jemandem getrunken wird.	Gott des Weines und der Ekstase
Hestia	Ein **hässl**iches **Dia** (Hestia) zeigt ein **Herdfeuer** und eine Familie, die in **Familieneintracht** drum herumsteht.	Jungfräuliche Göttin des Herdfeuers und der Familieneintracht
Hades	**Hat es** (Hades) einen **Herrscher** in der **Unterwelt**?	Herrscher der Unterwelt
Persephone	Ein **Perser** mit **Telefon** (Persephone) meldet seinen Besuch bei der **Königin** der **Unterwelt** an.	Königin der Unterwelt
Herakles	Ein **Herr** liest **Aktuelles** (Herakles) über den **Heil- und Orakelgott** vor. Er liest in **Sportstätten** und **Palästen**.	Heil- und Orakelgott, Beschützer der Sportstätten und Paläste
Hebe	**Hiebe** (Hebe) gibt es oft in der **Jugend** vom **Mundschenk**.	Göttin der Jugend, Mundschenk der Götter

Zur Kontrolle können Sie die beiden rechten Spalten mit der Hand zuhalten und mit dem Namen als Auslöser überprüfen, ob Sie die Geschichte und damit die Zuständigkeiten erneut schaffen.

Für besonders Motivierte habe ich noch zwei Übungen, bei denen Ihre eigene Kreativität sehr gefordert ist.

Die erste Übung hat zum Ziel, dass Sie alle olympischen Götter nennen können. Dafür bietet sich die Kettenmethode an. Sie brauchen einen Auslöser am Anfang, anschließend wird ein Bild an das nächste gehängt. Achten Sie darauf, dass Sie immer nur eine Verknüpfung zum nächsten Wort eingehen. Versuchen Sie diese Technik in einer kleinen Gruppe von zwei bis vier Personen. Zusammen kommt man am schnellsten auf eine verrückte Geschichte:

Olympische Götter	Hilfswort	Merkgeschichte
Zeus	Zeugnis	Ich sehe ein Zeugnis…
Poseidon	Po mit Seide	
Hera		
Demeter		
Apollon		
Artemis		
Athene		

Olympische Götter	Hilfswort	Merkgeschichte
Ares		
Aphrodite		
Hermes		
Hephaistos		
Dionysos		
Hestia		
Hades		
Persephone		
Herakles		
Hebe		

Haben Sie diese Übung gemacht oder einfach ausgelassen, weil sie Ihnen zu anstrengend erschien? Ja? Das macht nichts. Es gibt ja in diesem Buch noch viele weitere fertige Geschichten zum leichteren Einprägen von Allgemeinwissen.

Falls Sie die Übung aber doch durchgeführt haben und sie einigermaßen klappte, können Sie mit der nächsten Ihr Wissen über die olympischen Götter noch vertiefen – oder Sie überspringen, ohne ein schlechtes Gewissen zu bekommen. Bei dieser Übung geht es um Zuordnungen. Jeder olympische Gott hat zwei Bezeichnungen, eine griechische und eine römische. So nannten die Griechen den obersten Gott Zeus, die Römer Jupiter. Die Göttin der Schönheit und Liebe kannte man in Griechenland als Aphrodite, im Römischen Reich als Venus.

Zum Lernen der richtigen Zuordnungen empfehle ich zwei Methoden. Einerseits sind Lernkarten geeignet, auf denen Sie auf die Vorderseite die griechische Bezeichnung schreiben und auf die Rückseite die römische. Alternativ können Sie sich eine kreative Geschichte ausdenken, die von dem griechischen Namen zum römischen führt. Wenn Sie die vorige Übung gemeistert haben, sind Sie bereits gut im Training, dann dürfte Ihnen die folgende nicht zu schwerfallen:

Griechischer Name (Transliteration)	Römischer Name	Selbst gewählte Merkhilfe
Zeus Ζεύς (Zeus)	Jupiter	
Poseidon Ποσειδῶν (Poseidōn)	Neptun	
Hera Ἥρα (Hērā)	Juno	
Demeter Δημήτηρ (Dēmētēr)	Ceres	
Apollon Ἀπόλλων (Apollōn)	Apollo	
Artemis Ἄρτεμις (Artemis)	Diana	
Athene Ἀθηνᾶ (Athēnā)	Minerva	

Griechischer Name (Transliteration)	Römischer Name	Selbst gewählte Merkhilfe
Ares Ἄρης (Arēs)	Mars	
Aphrodite Ἀφροδίτη (Aphroditē)	Venus	
Hermes Ἑρμῆς (Hermēs)	Mercurius	
Hephaistos Ἥφαιστος (Hēphaistos)	Vulcanus	
Dionysos Διόνυσος (Dionysos)	Bacchus	
Hestia Ἑστία (Hestiā)	Vesta	
Hades Ἅδης (Hāides)	Pluto	
Persephone Περσεφόνη (Persephonē)	Proserpina	
Herakles Ἡρακλῆς (Hērāklēs)	Herkules	
Hebe Ἥβη (Hēbē)	Iuventas	

Zum Abschluss möchte ich noch zwei Göttinnen danken, der Mnemosyne und der Mneme. Diesen beiden göttlichen Damen verdanken wir die Technik, die in diesem Buch verwendet wird. Wörter wie »Memory« sind davon abgeleitet.

Mnemosyne	Göttin der Erinnerung
Mneme	Tochter der Mnemosyne und Namensgeberin der Gedächtniskunst (Mnemonik) beziehungsweise der Gedächtnistechniken (Mnemotechniken)

Schriftsteller, Dichter, Wortschöpfer

Die Wortgewaltigen, also die Autoren, gehören maßgeblich zu unserem Kulturgut und somit zum Allgemeinwissen. Auch wenn sich auf Ihrem Nachttisch keine Romane oder Essays stapeln, ist es niemals verkehrt, die einflussreichsten Schriftsteller zu kennen, zumindest deren Namen.

Wir fangen mit Autoren an, die international bedeutsam sind.

Die zehn einflussreichsten Schriftsteller

Der amerikanische Literaturwissenschaftler Daniel S. Burt hat in seinem Buch *Die literarischen 100: Die Liste der einflussreichsten Autoren aller Zeiten* eine überwiegend anerkannte Zusammenstellung von richtungweisenden Autoren erstellt. Selbstverständlich gibt es auch Kritik an dieser Liste – bei persönlichen Aufstellungen kann man immer anderer Meinung sein –, sie hält sich aber letztlich in Grenzen.

Und damit man sich immerhin zehn von diesen wirkungsreichsten Schriftstellern merken kann, halte ich die Kettenmethode für ideal, also die Merktechnik einer bildhaften Geschichte. Die Kette können Sie natürlich beliebig fortsetzen.

In einem ganz **bekannten Buch** *steht folgende Geschichte:*
Ein Mann **schenkt Bier** *aus*
in **Algerien**.
Das trinkt die **Oma** *und muss davon*
ganz **toll** *zur* **Toi**.
Dort hat ein **Schlosser**
vom **dicken**
Zeus *eine Statue vergessen.*
Die Statue mag nicht mehr warten, geht ins **Hilton** *und*
bestellt **Vanilleguss**
auf **Kröte**.

Merkhilfe	Schriftsteller
In einem ganz **bekannten Buch** steht folgende Geschichte:	Auslöser für Schriftsteller
Ein Mann **schenkt Bier** aus	Shakespeare
in **Algerien**.	Alighieri
Das trinkt die **Oma** und muss davon	Homer
ganz **toll** zur **Toi**.	Tolstoi
Dort hat ein **Schlosser**	Chaucer
vom **dicken**	Dickens
Zeus eine Statue vergessen.	Joyce
Die Statue mag nicht mehr warten, geht ins **Hilton** und bestellt	Milton
Vanilleguss	Vergilius
auf **Kröte**.	Goethe

Alle Literaturliebhaber mögen die Verunglimpfungen der bekannten Namen entschuldigen.

Die bekanntesten deutschsprachigen Autoren

Deutschsprachige Dichter sind in der ganzen Welt bekannt. Zumindest die Namen der fünfzehn bekanntesten Schriftsteller, die in Ihrer Sprache schreiben, sollten Sie kennen. Die Kettenmethode ist wieder die favorisierte Methode. Wenn Sie wollen, können Sie später noch die bekanntesten Werke dieser Buchstabenkünstler dazulernen.

Da Ihnen die Vorgehensweise bekannt ist, starten wir mit der Geschichte:

Ganz **dicht**
geht
ein **Schüler**
lässig
auf einen **Mann** *zu,*
der an einem **Herd** *steht*
und **Reh** *mag.*

Das Reh ist voller **Kleister**
und sieht **hässlich** *aus.*
Der Kleister tropft auf einen **Hai**
mit einem **Morgenstern** *im Maul,*
der **bricht** *auseinander.*
Der gebrochene Morgenstern kommt in einen **Kasten**
und danach in den **Keller***,*
aus dem sich eine **Fontäne**
in eine **Höhle** *ergießt.*

Merkhilfe	Dichter
Ganz **dicht**	Auslöser
geht	Goethe
ein **Schüler**	Schiller
lässig	Lessing
auf einen **Mann** zu,	Mann
der an einem **Herd** steht	Herder
und **Reh mag**.	Remarque
Das Reh ist voller **Kleister**	Kleist
und sieht **hässlich** aus.	Hesse
Der Kleister tropft auf einen **Hai**	Heine
mit einem **Morgenstern** im Maul,	Morgenstern
der **bricht** auseinander.	Brecht
Der gebrochene Morgenstern kommt in einen **Kasten**	Kästner
und danach in den **Keller**,	Keller
aus dem sich eine **Fontäne**	Fontane
in eine **Höhle** ergießt.	Hölderlin

Bitte beachten Sie, dass die Auswahl eine subjektive ist und es durchaus sein kann, dass Ihr Lieblingsdichter fehlt.

Ebenso verhält es sich mit der nächsten Liste. Ziel ist, dass Sie von jedem bekannten Dichter einen Roman oder ein Gedicht nennen können. Der Autor dient als Auslöser, und die Merkhilfe führt zum Werk.

Dichter	Merkhilfe	Bekanntes Werk
Johann Wolfgang von Goethe	**Götter** drohen mit der **Faust**.	Faust
Friedrich Schiller	Ein **Schüler** wehrt sich gegen **die Räuber**.	Die Räuber
Gotthold Ephraim Lessing	**Lässig** naht ein **Hahn**, der **weise** ist.	Nathan der Weise
Theodor Fontane	Eine **Fontäne** trifft eine **Rippe** im **Hafen** an **Land**.	Herr Ribbeck auf Ribbeck im Havelland
Thomas Mann	Am **Dom** steht ein **Mann** zwischen **Buden** mit einem **Brockhaus** in den Händen.	Buddenbrooks
Heinrich Heine	Ein **Hai** wird mit einer **Lore leicht** transportiert.	Die Loreley
Gottfried Keller	Im **Keller** liegt der **grüne Hai** und **riecht**.	Der grüne Heinrich
Bertolt Brecht	Er **bricht drei Groschen** durch in der **Oper**.	Die Dreigroschenoper
Erich Kästner	In **Kästen** liegt eine **E-Mail**, die von **Detektiven** begutachtet wird.	Emil und die Detektive
Hermann Hesse	Ein **hässlicher Steppenwolf**	Der Steppenwolf
Friedrich Hölderlin	In der **Hölle liegen** macht **hyper ironisch**.	Hyperion
Heinrich von Kleist	Mit **Kleister** wird **der zerbrochene Krug** repariert.	Der zerbrochene Krug
Annette von Droste-Hülshoff	Eine **Droschke** fährt über **Hülsen** im **Hof**, und man sieht den **Mond aufgehen**.	Mondesaufgang
August Heinrich Hoffmann von Fallersleben	In einer **Falle** lebt ein Deutscher und singt **das Lied der Deutschen**.	Das Lied der Deutschen
Johann Jakob Christoffel von Grimmelshausen	**Grimmig** schaut im **Haus der abenteuerliche Simpel**, weil er **Deutsch** lernen muss.	Der Abenteuerliche Simplicissimus Teutsch
Friedrich Gottlieb Klopstock	Ein Stock zum Klopfen, also ein **Klopfstock** begleitet den **Messias**.	Der Messias

Dichter	Merkhilfe	Bekanntes Werk
Andreas Gryphius	Eine **Grippe** mit **Typhus** beginnt beim **Leo** (Löwe) in den **Armen**.	Leo Armenius
Novalis (Georg Philipp Friedrich Freiherr von Hardenberg)	**Normal isst Heinrich öfter Dinge**.	Heinrich von Ofterdingen
Christian Morgenstern	Ein **Morgenstern** hängt am **Galgen**, und alle singen **Lieder**.	Galgenlieder
Heinrich Mann	Im **Hain** steht ein **Mann** **unter** einer **Tanne**.	Der Untertan

Bei Thomas und Heinrich Mann habe ich die Merkhilfe um den Vornamen erweitert, damit die Schriftsteller unterschieden werden können.

Die bekanntesten Grimm-Märchen

Es ist schon unglaublich, wie viele Märchen die Gebrüder Grimm verfasst haben. Wenn wir uns nur die bekanntesten merken wollen, kommt einiges zusammen. Mit der Kettenmethode sind sie aber schnell eingeprägt. Und zum Allgemeinwissen zählen die Märchen auf jeden Fall.

> Mit **grimmigem Gesicht** *(Auslöser: Grimm-Märchen)*
> *gehen* **zwei Kinder** *(Hänsel und Gretel)*
> *durch den* **Schnee**, *der* **weiß** *ist und auf dem eine* **Rose**
> *liegt, die* **rot** *ist (Schneeweißchen und Rosenrot).*
> *An der* **Rose** *befinden sich* **Dornen** *(Dornröschen).*
> *Mit den Dornen verteidigen sich die beiden Kinder*
> *gegen einen* **Wolf** *und* **sieben Geißlein** *(Der Wolf und die sieben Geißlein).*
> *Die* **humpeln stilvoll** *(Rumpelstilzchen) von dannen*
> *und treffen auf einen* **Frosch** *(Der Froschkönig).*

Der Frosch trägt ein **rotes Käppchen** *(Rotkäppchen).*
Im Käppchen befindet sich **Asche** *(Aschenputtel).*
Mit der Asche wird ein **Rappe verunziert** *(Rapunzel),*
der daraufhin im **Schnee Witzchen** *(Schneewittchen)*
macht.

Merkhilfe	Märchen
Mit **grimmigem Gesicht**	Auslöser: Grimm-Märchen
gehen **zwei Kinder**	Hänsel und Gretel
durch den **Schnee**, der **weiß** ist und auf dem eine **Rose** liegt, die **rot** ist.	Schneeweißchen und Rosenrot
An der **Rose** befinden sich **Dornen**.	Dornröschen
Mit den Dornen verteidigen sich die beiden Kinder gegen einen **Wolf und sieben Geißlein**.	Der Wolf und die sieben Geißlein
Die **humpeln stilvoll** von dannen	Rumpelstilzchen
und treffen auf einen **Frosch**.	Der Froschkönig
Der Frosch trägt ein **rotes Käppchen**.	Rotkäppchen
Im Käppchen befindet sich **Asche**.	Aschenputtel
Mit der Asche wird ein **Rappe verunziert**,	Rapunzel
der daraufhin im **Schnee Witzchen** macht.	Schneewittchen

Fünfzehn Komponisten

Auch Vivaldi, Bach, Mozart und Kollegen können Sie durch eine einfache Geschichte im Kopf behalten:

Auf einem **Komposthaufen** *(Auslöser: Komponist – sorry!)*
sitzt ein kleiner **Fiffi** *aus dem* **Wald** *(Vivaldi).*
Dieser kleine Hund fällt in einen **Bach** *(Bach)*
und wird mit den **Händen** *(Händel) wieder herausgezogen.*
Auf den Händen wird der Hund in die **Heide** *(Haydn)*
getragen.

In der Heide liegen viele **Mozartkugeln** *(Mozart),*
die in ein **Beet** *im* **Hof** *eingepflanzt werden (Beethoven).*
Im Beet steht eine **Schubkarre** *(Schubert),*
in der ein **Bart** *vom* **Oldie** *liegt (Bartholdy).*
Der Bart reicht bis zum **Schuh** *vom* **Mann** *(Schumann).*
Aus dem Schuh steigt's **Methan** *(Smetana) auf*
und verfestigt sich zu **Rahm** *(Brahms).*
Der Rahm gleitet gut und **muss sorgen** *für den* **Ski**
(Mussorgski),
denn der wurde von einem Scheich gekauft – **Scheich**
koft Ski *(Tschaikowsky).*
Der neue Ski vom Scheich steht **vor Jacques** *(Dvořák, gesprochen: Dvorschak),*
der ihn anmalt, denn er ist ein **Maler** *(Mahler).*

Merkhilfe	Komponist	von … bis …
Auf einem **Komposthaufen**	Auslöser für Komponist	
sitzt ein kleiner **Fiffi** aus dem **Wald**.	Antonio Vivaldi	1678–1741
Dieser kleine Hund fällt in einen **Bach**	Johann Sebastian Bach	1685–1750
und wird mit den **Händen** wieder herausgezogen.	Georg Friedrich Händel	1685–1759
Auf den Händen wird der Hund in die **Heide** getragen.	Joseph Haydn	1732–1809
In der Heide liegen viele **Mozartkugeln**,	Wolfgang Amadeus Mozart	1756–1791
die in ein **Beet** im **Hof** eingepflanzt werden.	Ludwig van Beethoven	1770–1827
Im Beet steht eine **Schubkarre**,	Franz Schubert	1797–1828
in der ein **Bart** vom **Oldie** liegt.	Felix Mendelssohn Bartholdy	1809–1847
Der Bart reicht bis zum **Schuh** vom **Mann**.	Robert Schumann	1810–1856
Aus dem Schuh steigt's **Methan** auf	Bedřich Smetana	1824–1884

Merkhilfe	Komponist	von ... bis ...
und verfestigt sich zu **Rahm**.	Johannes Brahms	1833–1897
Der Rahm gleitet gut und **muss sorgen** für den **Ski**,	Modest Mussorgski	1839–1881
denn der wurde von einem Scheich gekauft – **Scheich koft Ski**.	Peter Tschaikowsky	1840–1893
Der neue Ski vom Scheich steht **vor Jacques**,	Antonín Dvořák (gesprochen: Dvorschak)	1841–1893
der ihn anmalt, denn er ist ein **Maler**.	Gustav Mahler	1860–1911

Wenn Sie sich noch die Jahreszahlen einprägen möchten, finden Sie dafür in dem Abschnitt »Zahlen behalten mit Methode« (siehe S. 155 ff.) die beste Methode.

Nummer-1-Hits der deutschen Charts

Zur Kultur gehört auch ein Wissen, das nicht nur auf der klassischen Allgemeinbildung aufbaut. Manchmal kann man nämlich mit Fakten glänzen, auf die andere nie gekommen wären. Sie finden ein solches Wissen eher ungewöhnlich, aber interessieren tun sie sich doch dafür – etwa für die Nummer-1-Hits ab dem Jahr 1962.

Mit der Merkhilfe gelangen Sie vom Titel zum dazugehörigen Interpreten. Die Eselsbrücken sind insbesondere dann eine Unterstützung, wenn Sie die Namen der Künstler nicht kennen. Sind sie Ihnen vertraut, können Sie die Verbindung zum Titel auch ohne Merkhilfe herstellen.

Angesichts der vielen Titel und Eselsbrücken macht es Sinn, wenn Sie sich zehn oder zwanzig davon aussuchen. Kommen Sie auf den Geschmack und sind so richtig motiviert, können Sie Ihr Repertoire beliebig erweitern.

Die Merkhilfen erscheinen Ihnen manchmal nur als grobe

Orientierung – mir kam es weniger auf die Methode an als auf sofort eingängige Bilder. Als Vorgehensweise empfehle ich:

1. Lieblingstitel auswählen
2. Merkhilfe bildhaft vorstellen
3. Kurz innehalten und das geistige Bild überprüfen
4. Name des Interpreten richtig aussprechen (gern auch laut)
5. Wiederholung einplanen

Jahr	Top-Titel	Merkhilfe	Interpret
1962	Heißer Sand	Im **heißen Sand** sind **Mienen**.	Mina
1963	Junge, komm bald wieder	**Junge, komm bald wieder** zum **Frettchen** der **Queen**.	Freddy Quinn
1964	Liebeskummer lohnt sich nicht	**Liebeskummer lohnt sich nicht**, sie malt ein **Quiz**.	Siw Malmkvist
1965	Il Silenzio	**Im Silo** im **Zoo** findet man **nie, nie** ein **Ross**.	Nini Rosso
1966	Strangers In The Night	Finden Sie einen **Fremden in der Nacht** im **Schrank**, sind **Sie nah dran**.	Frank Sinatra
1967	Massachusetts	Es gibt in **Massen Schuh-sets, Bier** und **Jeans**.	Bee Gees
1968	Heidschi Bumbeidschi	Heitschi Bumbeitischi Heintschi	Heintje
1969	In The Year 2525	**Im Jahre 2525** gibt's nur noch **Sagen und Events**.	Zager & Evans
1970	A Song Of Joy	**Ein Lied der Freude** für mich, **gell**. Das singe ich in **Rio**.	Miguel Rios
1971	Butterfly	Der **Schmetterling** fliegt **da jetzt gerade**.	Danyel Gérard
1972	Ich wünsch mir 'ne kleine Miezekatze	Die **Miezekatze** bekommt der **Wum**.	Wums Gesang
1973	I'd Love You To Want Me	**Auf die Liebe** ein großes **Lob**.	Lobo

Jahr	Top-Titel	Merkhilfe	Interpret
1974	Kung Fu Fighting	**Kung Fu Fighting** im **kahlen dunklen Glaskasten**.	Carl Douglas
1975	La Paloma Blanca	**Paloma** war **blank**, und **Schorsch** holte beim **Bäcker Stückchen**.	George Baker Selection
1976	Daddy Cool	Der **Daddy** war **cool** und bekommt deshalb **Boni**.	Boney M
1977	Living Next Door To Alice	**An der nächsten Tür steht Alice** im **Smoking**.	Smokie
1978	Rivers Of Babylon	**Am Fluss in Babylon** bekommen alle **Boni**.	Boney M
1979	Y. M. C. A.	**Jungen** und **Mädels** kaufen bei **C & A** wie **Leute** vom **Dorf**.	Village People
1980	Sun Of Jamaica	**Unter der Sonne von Jamaica** singen wir mit der **Gummibären-Tanzbande**.	Goombay Dance Band
1981	Dance Little Bird (Der Ententanz)	Die **Enten tanzen** wie **elektrisiert**.	Electronica's
1982	Skandal im Sperrbezirk	**Skandal im Sperrbezirk** durch eine **Spinne** im **muffigen Gang**.	Spider Murphy Gang
1983	Major Tom (Völlig losgelöst)	Der **Major** ist **völlig losgelöst** und braucht keinen **Schilling** mehr.	Peter Schilling
1984	Jenseits von Eden	**Jenseits von Eden** gibt's **nie die Angel, oh**!	Nino de Angelo
1985	Live Is Life	**Leben ist leben**, auch ohne **Opium**.	Opus
1986	Jeanny, Part 1	**Jeans** zerrupft der **Falke**.	Falco
1987	Reality	In der **Realität** ist er **reich an Sand, der Sohn**.	Richard Sanderson
1988	Don't Worry, Be Happy	»**Don't Worry, Be Happy**«, sagte er und fuhr im **Bob** in die **Ferien**.	Bobby McFerrin
1989	Another Day In Paradise	**An einem weiteren Tag im Paradies** waren **viele Collies** da.	Phil Collins

Jahr	Top-Titel	Merkhilfe	Interpret
1990	Verdammt, ich lieb Dich	»**Verdammt, ich lieb dich**«, klingt nicht **matt** und ist kein **Reim**.	Matthias Reim
1991	Wind Of Change	Im **Windschatten** sitzt ein **Skorpion**.	Scorpions
1992	Das Boot	**Das Boot** fährt in die **U**-Bahn, wo Leute mit **neunzig** noch **Sex** haben.	U 96
1993	What's Up	**Was ist los?** fragten die **vier Nicht-Blonden**.	4 Non Blondes
1994	Cotton Eye Joe	Ein Baumwoll-Ei redet nix.	Rednex
1995	Conquest Of Paradise	**Die Herausforderung des Paradieses** ist das **Evangelium**.	Vangelis
1996	Killing Me Softly	**Kill mich sanft**, dann bin ich **futschi**.	The Fugees
1997	Time To Say Goodbye	»**Time to say goodbye!**«, sagte der **breite Mann** und nahm **Bogen** und **Cello**.	Sarah Brightman & Andrea Bocelli
1998	My Heart Will Go On	**Mein Herz schlägt weiter**, **selig** schau i **di o**.	Céline Dion
1999	Mambo No. 5 (A Little Bit Of …)	**Mangos**, und zwar **fünf** Stück, gibt's in der **Bodega**.	Lou Bega
2000	Maschen-Draht-Zaun	Hinter dem **Maschendrahtzaun steht** an der **Fahne** ein **Raabe**.	Stefan Raab
2001	Daylight In Your Eyes	**Tageslicht in deinen Augen**, und **kein Engel** weit und breit	No Angels
2002	Mensch	**Mensch**, wenn **Herbert** singt, **grölen** sogar die **Eier**.	Herbert Grönemeyer
2003	Der Steuersong (Las Kanzlern)	**Der Steuersong** ist für **Gerd** Schröders **Show**.	Die Gerd Show
2004	Dragostea Din Teï	Der **Drache hat** einen **im Tee** und will **O**-Saft aus der **Zone**.	O-Zone

Jahr	Top-Titel	Merkhilfe	Interpret
2005	Schnappi, das kleine Krokodil	**Schnappi schnappt** über.	Schnappi
2006	Hung Up	Den **Hang abwärts** rollt **Madonna**.	Madonna
2007	Ein Stern (… der deinen Namen trägt)	**Einen Stern** bekommt der **Ötzi**.	DJ Ötzi & Nik P.
2008	Apologize	**Apollo** ist **im Land** als **Präsent** für die **Republik**.	Timbaland presents OneRepublic
2009	Poker Face	Beim **Pokern** wird die **Lady** ganz **gaga**.	Lady Gaga
2010	Somewhere Over The Rainbow	Der **Regenbogen** ist reell für den **Kamikaze**.	Israel Kamakawiwo'ole
2011	New Age	Im **neuen Zeitalter** spielt **Marlon Roulette**.	Marlon Roudette

Pseudonyme – wie Prominente wirklich heißen

Es ist schon überraschend, wer alles einen Künstlernamen beziehungsweise ein Pseudonym trägt. Selbst Politiker sind da nicht ausgenommen, etwa Bill Clinton oder Willy Brandt. Oder Personen aus der Wirtschaft, so der ehemalige Telekom-Vorstandsvorsitzende Ron Sommer. Jetzt müsste es Sie bestimmt interessieren, von einigen Prominenten die richtigen Namen zu erfahren. Ich habe die TOP 50 für Sie zusammengestellt und mit Merkhilfen versehen.

Das Pseudonym muss in diesem Fall nicht in ein Bild umgesetzt werden – die Personen dürften bekannt genug sein. Der Deckname wird als Auslöser genommen, und die Merkhilfe führt zum richtigen Namen (manchmal nur zum Nachnamen, manchmal zum Vor- und Nachnamen). Aufgrund der vielen Namen haben die Geschichten vielleicht hin und wieder einen sonderbaren Charakter, dennoch sind sie sehr einprägsam.

Pseudonym	Merkhilfe	Richtiger Name
Bill Clinton	Bill Clinton **will**, dass der **Schäfersohn bleibt**.	William Jefferson Blythe III.
Bono	Bono macht **Judo** mit seinem **Sohn**.	Paul David Hewson
Bud Spencer	Bud Spencer hat nur **kahle Petersilie**.	Carlo Pedersoli
Bushido	Bushido mag **Anis** und **fährt Ski** mit **Ski**.	Anis Mohamed Youssef Ferchichi
Campino	Campino ist **anders** und ein **Feger**.	Andreas Frege
Cher	Cher findet in der **Sakristei Papier**.	Cherilyn Sarkisian LaPiere
Chris de Burgh	Chris de Burgh hat einen **Sohn**, der fährt auf einer Harley-**Davidson**.	Christopher John Davison
Cindy aus Marzahn	Cindy aus Marzahn ist **ulkig** in einem **Bassin**.	Ilka Bessin
David Bowie	David Bowie **robbt** auf dem **Highway** in **Jeans**.	David Robert Hayward Jones
David Copperfield	David Copperfield ist **da** und **fit**, **setzt** sich und hat **Kot** am **Kinn**.	David Seth Kotkin
Demi Moore	Demi Moore steht dank ihrer **Gene** im **Guinness**-Buch.	Demetria Gene Guynes
Dieter Thomas Heck	Dieter Thomas Heck macht alles **kahl** mit der **Heckenschere**.	Carl-Dieter Heckscher
DJ BoBo	DJ Bobo **rennt** auf dem **Bau** einen **Mann** um.	René Baumann
DJ Ötzi	DJ Ötzi ist nicht **gerne hart** und mag **Frieden**.	Gerhard Friedle
Elton John	Elton John findet ein **Regal** im **Wald**, das **kennt er** und baut es **weiter**.	Reginald Kenneth Dwight
Eminem	Eminem ist **Marshall** und hat an der **Brust drei Messer**.	Marshall Bruce Mathers III.

Pseudonym	Merkhilfe	Richtiger Name
Falco	Falco hat in seiner **Hand** ein kleines **Hölzel**.	Johann Hölzel
George Michael	George Michael hat eine **kuriose Panne** mit einem **Idioten**.	Georgios Kyriakos Panagiotou
Goldie Hawn	Goldie Hawn zieht aus der **Stadt** aufs **Ländchen** und spielt **Horn**.	Goldie Jean Studlendgehawn
Heino	Heino **geht Orgel** spielen und benutzt einen **Kamm**.	Heinz-Georg Kramm
John Bon Jovi	John Bon Jovi wird mit einem **Bon** zum **Chauvi**.	John Francis Bongiovi jr.
Jürgen von der Lippe	Jürgen von der Lippe geht durch **Tore** in ein **Camp**.	Hans-Jürgen Hubert Dohrenkamp
Kurt Krömer	Kurt Krömer steht auf dem **Alexander**platz und schaut sich eine **Boje an**.	Alexander Bojcan
Lady Gaga	Lady Gaga mag auf **Djerba** den **Notar**.	Stefani Joanne Angelina Germanotta
Madonna	Madonna **liest** in **Verona** und fährt **Ski** mit **Krone**.	Madonna Louise Veronica Ciccone
Marilyn Monroe	Marilyn Monroe ist **normal** in **Jeans** und geht gern zum **Bäcker**.	Norma Jeane Baker
Meg Ryan	Meg Ryan ruft **Hurra**!	Margaret Mary Emily Anne Hyra
Michael Douglas	Michael Douglas **dämmt** seine **Ski**.	Michael Issurovitch Demsky
Nena	Nena **gabelt** aus der **süßen Sahne** einige **Kerne** heraus.	Gabriele Susanne Kerner
Nino de Angelo	Nino de Angelo ist im **Dom** bei **Enrico**. Der isst nicht **gern harten Gorgonzola** mit **Lyoner**.	Domenico Gerhard Gorgoglione
Pamela Anderson	Pamela Anderson zahlt **bar** an der **Bar**, erhält eine **Rose**, **Kopeken** und **Ski**.	Barbara Rose Kopetski
Pink	Pink läuft auf der **Allee** mit **Ski** bis zum **Moor**.	Alecia Beth Moore

Pseudonym	Merkhilfe	Richtiger Name
Rex Gildo	Rex Gildo trifft den **lustig**en **ganz**en **Hirten**, der ist **Reiter**.	Ludwig Franz Hirtreiter
Roberto Blanco	Roberto Blanco **zerrt Kühe** in die **Arena**.	Roberto Zerquera
Ron Sommer	Ron Sommer **lebt ohne Witz**.	Ron Lebowitsch
Roy Black	Roy Black **geht hart** vor, weil es auf der Bühne wie in der **Hölle riecht**.	Gerhard Höllerich
Sarah Conner	Sarah Conner kauft ein bei **REWE**.	Sarah Marianne Corina Lewe
Shakira	Shakira sitzt mit **mir** in der **Baracke** und hat an den **Rippen Pollen**.	Shakira Isabel Mebarak Ripoll
Sido	Sido hat ein **Maul**, das ihn **würdig** macht.	Paul Harmut Würdig
Sting	Sting isst im **Garten Mettwurst** im **Sommer**.	Gordon Matthew Sumner
Terence Hill	Terence Hill hat **mal** in **Rio** ein **Giro**-Konto bei **Otti** eröffnet.	Mario Girotti
Tina Turner	Tina Turner isst **Ananas** im **Mai** – ein **Bulle** in einer **Lock** schaut zu.	Anna Mae Bullock
Udo Jürgens	Udo Jürgens schaut auf einen **buckeligen Mann**.	Jürgen Udo Bockelmann
Whoopi Goldberg	Whoopi Goldberg spritzt ihr **Car grün – alleine –**, ohne **Lohn** vom **Sohn**.	Caryn Elaine Johnson
Willy Brandt	Willy Brandt wird **herb** und **ernst**, wenn er **kahlen Rahm** bekommt.	Herbert Ernst Karl Frahm
Woody Allen	Woody Allen arbeitet als **Steward** bei einem **König** auf dem **Berg**.	Allan Stewart Konigsberg

Waren Sie überrascht bei manchen Künstlernamen? Und konnten Sie sich die Pseudonyme auch einprägen?

Wissenswertes aus der Bildenden Kunst

Die wichtigsten Stilrichtungen

In der Kunstgeschichte sind Maler und deren Werke bestimmten Stilrichtungen zugeordnet, wobei es eine Fülle von ihnen gibt, was eine klare und eindeutige Zuweisung nicht immer möglich macht. In einem ersten Schritt können Sie sich aber die zehn wichtigsten Stilrichtungen der Malerei einprägen, sie sind ein guter Anfang für ein solides Allgemeinwissen auf diesem Gebiet. Einprägen können Sie sich diese durch eine Geschichte mit der Kettenmethode:

Ein **Maler**
bemalt ein **Reh,**
das an einer **Bar** *steht mit einem* **Rock.**
Von der Bar geht es in eine **Klasse,**
wo **Romane** *vorgelesen werden.*
Die Romane werden in eine Tüte von **REAL**
hineingepresst –
das ist der **Stil** *der* **Jugend.**
Die ehemalige Freundin eines Jugendlichen, die **Ex,**
presst mit
und **zurrt alles** *zu* **Mus.**
Das Mus bekommt eine **Kuh,** *die dann ein* **bisschen**
muss.

Merkhilfe	Stilrichtung
Ein **Maler**	Auslöser für Stilrichtungen der Malerei
bemalt ein **Reh,**	Renaissance
das an einer **Bar** steht mit einem **Rock.**	Barock
Von der Bar geht es in eine **Klasse,**	Klassizismus
wo **Romane** vorgelesen werden.	Romantik
Die Romane werden in eine Tüte von **REAL**	Realismus
hineingepresst –	Impressionismus

Merkhilfe	Stilrichtung
das ist der **Stil** der **Jugend**.	Jugendstil
Die ehemalige Freundin eines Jugendlichen, die **Ex, presst mit**	Expressionismus
und **zurrt alles** zu **Mus**.	Surrealismus
Das Mus bekommt eine **Kuh**, die dann ein **bisschen muss**.	Kubismus

Berühmte Gemälde

Niemals ist es verkehrt, von einigen bekannten Gemälden auch die Namen der Künstler zu wissen. Als Auslöser könnte man eine markante Stelle aus dem Werk verwenden und daran den Titel des Kunstwerks hängen, doch dieses Vorgehen würde in einem Bildband Sinn machen. (Bei den Gebäuden werden Sie diese Methode beispielhaft kennenlernen, siehe S. 134 ff.) Stattdessen habe ich mich dafür entschieden, den Titel selbst als Auslöser zu nehmen, wobei ich aus den verschiedenen Epochen je ein bedeutendes Gemälde ausgewählt habe. In der Praxis sieht es am Ende so aus, dass Sie den Titel eines Bildes hören und sofort sagen können, wer es gemalt hat. Es reicht der Nachname, doch ich habe vollständigkeitshalber den Vornamen noch hinzugefügt.

Reizt Sie das? Dann fangen Sie doch einfach an:

Werk	Künstler	Merkhilfe
Das Abendmahl	Leonardo da Vinci	**Das Abendmahl** (Das Abendmahl) ist **da** – doch der **Wind** bläst es **schief** (da Vinci).
Die Nachtwache	Rembrandt van Rijn	Bei der **Nachtwache** (Die Nachtwache) überlegt man, wohin man **rennt** bei einem **Brand** (Rembrandt).
Der Parnass	Anton Raphael Mengs	Ein **Paar** wird **nass** (Der Parnass) in der **Menge** (Mengs).
Der arme Poet	Carl Spitzweg	Ein **armer Poet** (Der arme Poet) muss über einen **spitzen Weg** (Spitzweg) laufen.

Werk	Künstler	Merkhilfe
Ein Begräbnis in Ornans	Gustave Courbet	Bei **einem Begräbnis wird das Ohr nass** (Ein Begräbnis in Ornans) und muss zur **Kur ins Bett** (Courbet).
Sonnenaufgang	Claude Monet	Beim **Sonnenaufgang** (Sonnenaufgang) findet man **Moneten** (Monet).
Der Kuss	Gustav Klimt	**Der Kuss** (Der Kuss) **klemmt** (Klimt).
Die großen blauen Pferde	Franz Marc	**Die großen blauen Pferde** (Die großen blauen Pferde) haben als Brandzeichen eine **Mark** (Marc).
Die Beständigkeit der Erinnerung	Salvador Dalí	**Die Beständigkeit der** Erinnerung (Die Beständigkeit der Erinnerung) funktioniert am besten im **Daliegen** (Dalí).
Les Demoiselles d'Avignon	Pablo Picasso	**Lässt** man die **Demo selbst** nach **Avignon** (Les Demoiselles d'Avignon) ziehen, gibt's am Ende ein **Pik-Ass** (Picasso).

Philosophen von der Antike bis heute

Wer in der Lage ist, gezielt Namen von Philosophen in die Runde zu werfen, wird von seinen Gesprächspartnern oft bestaunt. Selbstverständlich ist ein fundiertes Wissen über deren Werke und Thesen notwendig, um wirklich mitreden zu können. Ein guter Einstieg ist dabei, die wichtigsten Philosophen der jeweiligen Epoche zu kennen.

In den nachfolgenden Abschnitten lernen Sie durch kurze Geschichten und somit durch die Kettenmethode die Namen der Philosophen der Antike, des Mittelalters, der Neuzeit, des 19. Jahrhunderts und des frühen und späteren 20. Jahrhunderts. Hinterher können Sie diese durch Lektüre der entsprechenden Werke festigen, natürlich freiwillig.

Beginnen Sie mit den Philosophen der Antike:

Antike
Bötchen
fahren im **August**
über den **See** *nach* **Nizza**,
um eine **Pilotin** *abzuholen,*
die **ewig** *auf* **Kur** *war,*
mit ein **paar Männern.**
So grade
gewannen sie im **Arrest** *im* **Toto**,
kauften sich dann **Platin**,
das leider einem **Herrn** *entglitt*.

Antike	Antike
Bötchen	Boethius
fahren im **August**	Augustinus
über den **See** nach **Nizza**,	Seneca
um eine **Pilotin** abzuholen,	Plotin
die **ewig** auf **Kur** war,	Epikur
mit ein **paar Männern.**	Parmenides
So grade	Sokrates
gewannen sie im **Arrest** im **Toto**,	Aristoteles
kauften sich dann **Platin**,	Platon
das leider einem **Herrn** entglitt.	Heraklit

Und weiter geht es mit den Philosophen des Mittelalters:

Ein Mann im **mittleren** Alter
fährt im **Scooter**
mit seiner **Cousine.**
Die Cousine hat einen **Meister***, der fährt die* **Ecke hart**
und überfährt dabei einen **Ochsen** *aus* **Hamm.**
Der Ochse lebte neben dem **Dom** *auf einem* **Acker** *der* **Queen**,
Die Queen, **aber** *auch der* **Lord**,
legen Wert auf die **Ehre***, wegen der* **Gene**.

Ein Mann im **mittleren Alter**	Mittelalter
fährt im **Scooter**	Scotus
mit seiner **Cousine**.	Cusanus
Die Cousine hat einen **Meister**, der fährt die **Ecke hart**	Meister Eckhart
und überfährt dabei einen **Ochsen** aus **Hamm**.	Ockham
Der Ochse lebte neben dem **Dom** auf einem **Acker** der **Queen**,	Thomas von Aquin
Die Queen, **aber** auch der **Lord**,	Abaelard
legen Wert auf die **Ehre**, wegen der **Gene**.	Eriugena

Jetzt folgen die Philosophen der Renaissance:

Da rennt
der Bär Bruno
an einem Montag
auf eine Grotte *zu,*
denn darin befinden sich Fische
und Plankton.
Die werden bewacht von der Mafia
und einem Mohr,
der pico*bello angezogen ist.*
Er *sitzt auf dem* Rasen *und verspeist* Mus.

Da **rennt**	Renaissance
der **Bär Bruno**	Bruno
an einem **Montag**	Montaigne
auf eine **Grotte** zu,	Grotius
denn darin befinden sich **Fische**	Ficino
und **Plankton.**	Plethon
Die werden bewacht von der **Mafia**	Machiavelli
und einem **Mohr,**	Morus
der **pico**bello angezogen ist.	Pico
Er sitzt auf dem **Rasen** und verspeist **Mus.**	Erasmus

Und die Philosophen der Neuzeit:

Zu **Jahresbeginn**
fliegt eine **Hummel**
über einen **Pass***, der inzwischen* **kahl** *ist,*
und landet auf einem **Balkon** *–*
direkt auf der **Kante***,*
auf der eine **Locke** *liegt.*
Die Locke ist von einem **Ross** *am* **See***.*
Das Ross hat viele **Hobbys**
und einen umfangreichen **Leib***,*
denn es frisst gerne **Spinat**
und bestellt **des** *von der* **Karte***.*

Zu **Jahresbeginn**	Neuzeit
fliegt eine **Hummel**	Hume
über einen **Pass**, der inzwischen **kahl** ist,	Pascal
und landet auf einem **Balkon** –	Bacon
direkt auf der **Kante**,	Kant
auf der eine **Locke** liegt.	Locke
Die Locke ist von einem **Ross** am **See**.	Rousseau
Das Ross hat viele **Hobbys**	Hobbes
und einen umfangreichen **Leib**,	Leibniz
denn es frisst gerne **Spinat**	Spinoza
und bestellt **des** von der **Karte**.	Descartes

Vielleicht wollen Sie sich auch die Philosophen des 19. Jahrhunderts merken:

In den **19***-Uhr-Nachrichten*
wurde von einem **Flegel** *berichtet,*
der im **Kirchgarten**
in einer **Nische**
unter den **Fichten**
heimlich einen **Schoppen** *getrunken hatte.*

*Er fand dort eine **Börse**,*
*mit einer **Mark**, die er einsteckte.*
*Den Rest warf er in den **Müll**.*
*Dabei wurde er erwischt und bekam eine **Schelle**.*

In den **19**-Uhr-Nachrichten	19. Jahrhundert
wurde von einem **Flegel** berichtet,	Hegel
der im **Kirchgarten**	Kierkegaard
in einer **Nische**	Nietzsche
unter den **Fichten**	Fichte
heimlich einen **Schoppen** getrunken hatte.	Schopenhauer
Er fand dort eine **Börse**,	Peirce (gesprochen: Pörs)
mit einer **Mark**, die er einsteckte.	Marx
Den Rest warf er in den **Müll**.	Mill
Dabei wurde er erwischt und bekam eine **Schelle**.	Schelling

Kennen Sie die Philosophen des frühen 20. Jahrhunderts? Wenn nicht, können Sie das schnell ändern:

*Ein **frühreifer 20-jähriger***
Kasper
*findet im **Moor***
*eine **Rassel**.*
*Er öffnet die Rassel mit einem **Plopp***
*und findet darin **Sake**.*
*Diesen Sake trinkt der **Kassierer**.*
*Der Kassierer gibt dann am **Abend***
*in der **Heide** in einer **Ecke***
*einem heißen **Feger***
*ein **Busserl**.*

Ein frühreifer 20-jähriger	Frühes 20. Jahrhundert
Kasper	Jaspers
findet im **Moor**	Moore
eine **Rassel**.	Russell
Er öffnet die Rassel mit einem **Plopp**	Popper
und findet darin **Sake**.	Sartre
Diesen Sake trinkt der **Kassierer**.	Cassirer
Der Kassierer gibt dann am **Abend**	Arendt
in der **Heide** in einer **Ecke**	Heidegger
einem heißen **Feger**	Frege
ein **Busserl**.	Husserl

Zum Schluss die Philosophen des 20. Jahrhunderts:

Bei der *Tagesschau* um **20** Uhr wird über ein **Jahrhundertereignis** berichtet:
    Die **Queen** fährt mit einer
    vorher kalt gestellten
    halben Maß Bier
    und gebratenen **Puten**
    auf einer Harley-**Davidson**.
    Die Räder der Harley
    fahren über einen **winzigen Stein**.
    Dadurch wird der Stein in ein **Rohr** geschleudert,
    und am anderen Ende des Rohrs kommt **ein Dorn** »oh« raus.

Merkhilfe	Philosoph
Bei der *Tagesschau* um **20** Uhr wird über ein **Jahrhundertereignis** berichtet:	20. Jahrhundert
Die **Queen** fährt mit einer	Quine
vorher kalt gestellten	Foucault
halben Maß Bier	Habermas
und gebratenen **Puten**	Putnam
auf einer Harley-**Davidson**.	Davidson

Merkhilfe	Philosoph
Die Räder der Harley	Derrida
fahren über einen **winzigen Stein.**	Wittgenstein
Dadurch wird der Stein in ein **Rohr** geschleudert,	Rorty
und am anderen Ende des Rohrs kommt **ein Dorn** »**oh**« raus.	Adorno

Deutsche Erfindungen

Manche Erfindungen haben unseren Alltag, manche unsere Gesellschaft maßgeblich beeinflusst. In der nachfolgenden Liste finden Sie die fünfzig bedeutsamsten deutschen Erfindungen.

Das Ziel: Ist von der Currywurst oder dem Buchdruck die Rede, können Sie sofort den Namen des Erfinders ins Spiel bringen. Wenn Ihnen die unten stehende Liste zu lang ist: Treffen Sie einfach eine persönliche Auswahl. Suchen Sie sich zum Beispiel die zehn interessantesten Entdeckungen heraus, und prägen Sie sich die dazugehörigen Merkhilfen ein. Vielleicht bekommen Sie doch noch Lust, sich auch mit den weiteren Erfindungen zu beschäftigen.

Erfindung	Erfinder	Merkhilfe
Airbag	Mercedes-Benz	Ein **Airbag** (Airbag) öffnet sich, und der **Mercedes-Stern** (Mercedes-Benz) wird herausgeschleudert.
Aspirin	Felix Hoffmann	Die **Aspirin-Tablette** (Aspirin) von einer **Fee** (Felix) hilft **hoffentlich** einem **Mann** (Hoffmann) gegen seine Schmerzen.
Auto	Gottfried Benz, Karl Daimler	Mit einem **Auto** (Auto) fährt **Gott friedlich** (Gottfried) volltankt mit **Benzin** (Benz) gegen eine **Karre** (Karl), die sich daraufhin in einen schicken **Daimler** (Daimler) verwandelt.
Bakteriologie	Robert Koch	Eine **Bakterie** (Bakteriologie) **robbt** (Robert) sich an einen **Koch** (Koch) heran.

Erfindung	Erfinder	Merkhilfe
Bier	Herzog Wilhelm IV. von Bayern	Das **Bier**, das er **herzog** (Herzog), **will** er mit **Helm** (Wilhelm) trinken, und zwar **vier** (IV.) Maß beim Oktoberfest in **Bayern** (von Bayern).
Buchdruck	Johannes Gutenberg	Ein **Buch** wird **gedruckt** (Buchdruck) – **jo**, mit der **Hand** (Johannes), und auf einen **guten Berg** (Gutenberg) gelegt.
C-Leg (künstliches Kniegelenk)	Otto Bock	Am **Zeh leckt** (C-Leg) **Otto** (Otto), weil er **Bock** (Bock) hat, den Helden rauszukehren.
Chipkarte	Jürgen Dethloff, Helmut Gröttrup	Eine **Chipkarte** (Chipkarte) sollte man nicht runter**würgen** (Jürgen) – **dett** nimmt die **Luft** (Dethloff). Mit einem **Helm** und **Mut** (Helmut) und einer **Kröte**, die **ruppig** (Gröttrup) aussieht, kann man sich helfen.
Computer	Konrad Zuse	Auf einem **Computer** (Computer) dreht sich ein **Korn** in einem **Rad** (Konrad), und man kann dabei **zusehen** (Zuse).
Currywurst	Herta Heuwer	Eine **Currywurst** (Currywurst) liegt auf einem **Herd** (Herta), und **Heu** sorgt für die **Wärme** (Heuwer).
Dieselmotor	Rudolf Diesel	Ein tuckernder **Dieselmotor** (Dieselmotor) kommt zur **Ruhe** (Rudolf), weil der **Diesel** (Diesel) verbraucht ist.
Dübel	Artur Fischer	Ein **Dübel** (Dübel) wird **artig** (Artur) einem **Fischer** (Fischer) als Köder gebracht.
Düsentriebwerk	Hans von Ohain	Das **Düsentriebwerk** (Düsentriebwerk) wird mit einer **Hand** (Hans) und einem **O-Bein** (Ohain) gestartet.
Dynamo	Werner von Siemens	Der **Dynamo** (Dynamo) wird immer **wärmer** (Werner), aber trotzdem **zieht** es **immens** (Siemens).
Fernsehen	Manfred von Ardenne	Im **Fernsehen** (Fernsehen) sieht man, wie ein **Mann friert** (Manfred), weil er die **Antenne** (Ardenne) ausrichtet.
Funkarmbanduhr	Wolfgang Hilberg	Der **Funken** aus der **Armbanduhr** (Funkarmbanduhr) trifft einen **Wolf** im **Gang** (Wolfgang), der dann **Hilfe** sucht auf dem **Berg** (Wolfgang Hilberg).

Erfindung	Erfinder	Merkhilfe
Geigerzähler	Hans Wilhelm Geiger	Der **Geiger** (Geigerzähler) hält die Geige mit der **Hand** (Hans) und **will** dann einen **Helm** (Wilhelm) auf die **Geige** (Geiger) setzen.
Gleitflugzeug	Otto Lilienthal	Ein **Gleitflugzeug** (Gleitflugzeug) gleitet ohne **Ottomotor** (Otto) über die **Lilien** im **Tal** (Lilienthal).
Glühbirne	Heinrich Göbel	Eine **Glühbirne** (Glühbirne) lenkt einen **Hai** in **Richtung** (Heinrich) eines **Kübels** (Göbel).
Goldbär	Hans Riegel	Den **Goldbär** (Goldbär) nimmt er mit der **Hand** (Hans) und legt ihn auf einen **Riegel** (Riegel).
Homöopathie	Samuel Hahnemann	Ein **Hoch** auf die **Party** (Homöopathie), da **sah** man **Müll** (Samuel), der wurde von einem **Hahn** und einem **Mann** weggebracht.
Hubschrauber	Henrich Focke	Der **Hubschrauber** (Hubschrauber) mit dem **Fähnrich** (Henrich) flog in eine riesige **Flocke** (Focke).
Jeans	Levi Strauss	Die **Jeans** (Jeans) **lief ein** (Levi), und der Vogel **Strauß** (Strauss) konnte sie anziehen.
Kaffeefilter	Melitta Bentz	Im **Kaffeefilter** (Kaffeefilter) befindet sich ein **mehliges Gitter** (Melitta) und etwas **Benzol** (Bentz).
Kernspaltung	Otto Hahn	Ein **Kern**, der **gespalten** (Kernspaltung) ist, wird vom Komiker **Otto** (Otto) an einen **Hahn** (Hahn) verfüttert.
Kleinbildkamera	Oskar Barnack	Eine **Kleinbildkamera** (Kleinbildkamera) aus dem **Osten** liegt in der **Karre** (Oskar). Und damit wird an der **Bar nackt** (Barnack) fotografiert.
Magnetschwebebahn	Hermann Kemper	In der **Magnetschwebebahn** (Magnetschwebebahn) sitzen ein **herrlicher Mann** (Hermann) und ein **Camper** (Kemper).
Mensch ärgere Dich nicht	Josef Schmidt	Auf der **Spielfläche** (Mensch ärgere Dich nicht) liegen ein **Jojo** und **Säfte** (Josef), und ein **Schmied** (Schmidt) haut drauf.
Motorrad	Gottlieb Daimler	Hinter einem **Motorrad** (Motorrad) fährt **Gott** ganz **lieb** (Gottlieb) im **Daimler** (Daimler).

Erfindung	Erfinder	Merkhilfe
MP3-Format	Karlheinz Brandenburg	Mit dem **MP3-Player** (MP3-Format) konnte **Karl heizen** (Karlheinz), doch dann **brannte** die **Burg** (Brandenburg).
Mundharmonika	Christian Buschmann	Die **Mundharmonika** (Mundharmonika) wird gespielt von einem **Christen** (Christian) vor einem **Buschmann** (Buschmann).
Papierrohstoff	Friedrich Gottlob Keller	Auf dem **Papier** (Papierrohstoff) wird der **Frieden richtig** (Friedrich) vor **Gott gelobt** (Gottlob) und dann aufbewahrt im **Keller** (Keller).
Periodensystem	Julius Lothar Meyer	Kommt eine **Periode systembedingt** (Periodensystem) im **Juli** (Julius), ist alles im **Lot** (Lothar) bis **Mai** (Meyer).
Plattenspieler	Emil Berliner	Auf einem **Plattenspieler** (Plattenspieler) liegt eine ausgedruckte **E-Mail** (Emil) vom **Berliner** Bär (Berliner).
Reformation	Martin Luther	Die **Reformation** (Reformation) wird verfeinert mit **Martini** (Martin) und **Butter** (Luther).
Relativitätstheorie	Albert Einstein	Die **Relativitätstheorie** (Relativitätstheorie) ist **albern** (Albert) und betrifft nur **einen Stein** (Einstein).
Röntgen-Technik	Wilhelm Conrad Röntgen	Beim **Röntgen** (Röntgen-Technik) **will** man den **Helm** (Wilhelm) auf dem **Rad** (Conrad) **röntgen** (Röntgen).
Scanner	Rudolf Hell	Auf dem **Scanner** (Scanner) erscheint das Foto mit dem **Rudel** (Rudolf) **hell** (Hell).
Schraubstollenschuh	Adolf Dassler	Jemand schießt mit dem **Schraubstollenschuh** (Schraubstollenschuh) **am Golf** (Adolf) in **das leere** (Dassler) Tor.
Soziale Gesetzgebung	Otto von Bismarck	Im **sozialen Gesetz** (Soziale Gesetzgebung) kosten **Otter** (Otto) nur **bis** zu einer **Mark** (Bismarck).
Straßenbahn	Werner von Siemens	In der **Straßenbahn** (Straßenbahn) wird es immer **wärmer** (Werner), und zwar **immens** (Siemens).
Teebeutel	Adolf Rambold	Der **Teebeutel** (Teebeutel) hängt **am Golf** (Adolf) und **rammt bald** (Rambold) wogegen.
Telefon	Philipp Reis	Das **Telefon** (Telefon) **fiel** ihm auf die **Lippe** (Philipp) und dann in den **Reis** (Reis).

Erfindung	Erfinder	Merkhilfe
Thermosflasche	Reinhold Burger	Die **Thermosflasche** (Thermosflasche) wird vom **Rhein geholt** (Reinhold) und zu den **Burgen** (Burger) gebracht.
Tonband	Fritz Pfleumer	Das **Tonband** (Tonband) liegt zwischen den **Fritten** (Fritz) und **Pflaumen** (Pfleumer).
Twin-Aufzüge	Thyssen-Krupp Elevator AG	**Zwei Aufzüge** (Twin-Aufzüge) **düsen grob** (ThyssenKrupp) wie ein **Elefant** durchs **Tor** (Elevator AG).
Vakuumtechnik	Otto von Guericke	In **Vakuum** (Vakuum) verpackt ist der **Otter** (Otto) zusammen mit **Gurken** (Guericke).
Zahnpasta	Ottomar Heinsius von Mayenburg	Die **Zahnpasta** (Zahnpasta) kommt aus dem **Automat** (Ottomar) im **Heim** (Heinsius) von **meiner Burg** (von Mayenburg).
Zündkerze	Robert Bosch	Die **Zündkerze** (Zündkerze) balanciert eine **Robbe** mit **Bart** (Robert) hinter einem **Busch** (Bosch).

Die wichtigsten Fremdwörter

Was nicht allen bekannt sein mag: Es gibt eine Liste mit den meistgesuchten Fremdwörtern. Fremdwörter zählen unbedingt zum kulturellen Allgemeinwissen, wobei es schwierig ist, da eine sinnvolle Grenze zu ziehen und festzulegen, welche von ihnen wichtig sind. Daher habe ich mich an eine vorhandene Aufstellung gehalten, die »Top 30 der meistgesuchten Fremdwörter«.

Zum Einprägen empfehle ich eine einfache Methode, die Sie früher beim Vokabellernen praktiziert haben: Die Wörter auf der Top-Liste zunächst langsam durchlesen, und beim zweiten Durchgang die rechte Seite zuhalten und das Wissen überprüfen. Viele Fremdwörter sind schon nach dem ersten Durchgang eingeprägt. Und wenn einige gar nicht in den Kopf wollen, Ihnen aber wichtig sind, können Sie sich dafür

Karteikarten schreiben. Pro Fremdwort eine Karte. (Das Fremdwort auf die Vorderseite der Kartei schreiben, die »Übersetzung« auf die Rückseite.)

Viele kennen von den Wörtern der Liste nur unzulängliche Definitionen. Manches wird schnell verdreht, weggelassen oder einfach falsch erinnert. Darum ist es spannend, selbst bekannte Wörter im Duden nachzuschlagen – und die Bedeutungen wie hier gemacht hinzuzufügen.

Nun aber die »Top 30 der meistgesuchten Fremdwörter«:

Fremdwort	Bedeutung laut Duden
pragmatisch	1. auf die anstehende Sache und entsprechendes praktisches Handeln gerichtet; sachbezogen 2. (Sprachwissenschaft) das Sprachverhalten, die Pragmatik betreffend
obsolet	1. nicht mehr gebräuchlich; nicht mehr üblich; veraltet 2. überflüssig
Konsolidierung	1. (Wirtschaft) (innerhalb eines Gesamtkonzerns) Beseitigung aller Werte der einzelnen Konzerne (wie Vermögen, Schulden usw.) aus dem Jahresabschluss 2. (Medizin) Verknöcherung des Gewebes, das sich nach einem Knochenbruch neu gebildet hat 3. (Medizin) Stillstand eines Krankheitsprozesses (zum Beispiel bei der Lungentuberkulose)
konservativ	1. a. am Hergebrachten festhaltend b. althergebracht c. vorsichtig, zurückhaltend 2. politisch dem Konservatismus zugehörend 3. (Medizin) nicht operativ, sondern durch eine entsprechende Behandlung das Gewebe des verletzten, erkrankten Organs erhaltend
sukzessiv	allmählich, nach und nach, schrittweise (eintretend, erfolgend) Beispiel: ein sukzessiver Aufwärtstrend
fakultativ	dem eigenen Ermessen überlassen; nach eigener Wahl; nicht unbedingt verbindlich Beispiele: ■ fakultativer Unterricht ■ die Teilnahme daran ist fakultativ

Fremdwort	Bedeutung laut Duden
latent	vorhanden, aber (noch) nicht in Erscheinung tretend; nicht unmittelbar sichtbar oder zu erfassen Beispiele: ■ eine latente Gefahr ■ latente (schlummernde) Kräfte, Energien frei machen ■ eine latente (Medizin; noch nicht akut gewordene, ohne typische Symptome verlaufende) Erkrankung ■ die Krise hat sich latent entwickelt ■ latent vorhanden sein
verifizieren	1. (bildungssprachlich) durch Überprüfen die Richtigkeit einer Sache bestätigen 2. (Rechtssprache) beglaubigen
empirisch	aus der Erfahrung, Beobachtung, auf dem Wege der Empirie gewonnen, auf ihr beruhend
Disposition	1. a. (bildungssprachlich) das Verfügenkönnen; freie Verwendung b. (bildungssprachlich) Planung, das Sicheinrichten auf etwas c. (bildungssprachlich) Gliederung; Plan 2. a. (bildungssprachlich) bestimmte Veranlagung, Empfänglichkeit, innere Bereitschaft zu etwas b. (Medizin) Veranlagung oder Empfänglichkeit des Organismus für bestimmte Krankheiten 3. (Musik) (bei der Orgel) Anzahl und Art der Register
obligatorisch	1. durch ein Gesetz o. Ä. vorgeschrieben, verbindlich 2. (meist spöttisch) obligat
implizieren	einbeziehen, gleichzeitig beinhalten, bedeuten; mit enthalten Beispiel: diese Äußerung impliziert eine ungewöhnliche Haltung
suggestiv	1. darauf abzielend, jemandem etwas zu suggerieren; auf Suggestion beruhend 2. eine starke psychische, emotionale Wirkung ausübend; einen anderen Menschen (stark) beeinflussend
Dilettantismus	1. Beschäftigung mit Wissenschaft, Kunst oder Ähnliches als Laie 2. (abwertend) das Stümperhaftsein; Unzulänglichkeit
fungieren	eine bestimmte Funktion ausüben, eine bestimmte Aufgabe haben, zu etwas da sein Beispiel: die Köchin fungierte als Trauzeugin

Fremdwort	Bedeutung laut Duden
extrahieren	1. (Medizin) (her)ausziehen 2. (Chemie, Pharmazie) ausziehen 3. (veraltet) ausziehen, exzerpieren
Vakanz	1. das Vakantsein 2. vakante Stelle, im Augenblick frei, nicht besetzt
analog	entsprechend Beispiel: analog diesem Fall
Koitus	intimer sexueller Kontakt, besonders die genitale Vereinigung eines Mannes und einer Frau; Beischlaf
promovieren	1. a. die Doktorwürde erlangen b. (über ein bestimmtes Thema) eine Dissertation schreiben 2. jemandem die Doktorwürde verleihen 3. (bildungssprachlich veraltend) fördern, unterstützen
archaisch	1. a. der Vor-, Frühzeit angehörend oder aus ihr überkommen; vor-, frühzeitlich b. (Psychologie) entwicklungsgeschichtlich älteren Schichten der Persönlichkeit angehörend 2. altertümlich, veraltet 3. der Frühstufe eines Stils, besonders der vorklassischen Epoche der griechischen Kunst angehörend, entstammend
Emanzipation	1. Befreiung aus einem Zustand der Abhängigkeit; Selbstständigkeit; Gleichstellung 2. rechtliche und gesellschaftliche Gleichstellung (der Frau mit dem Mann)
intellektuell	1. den Intellekt betreffend; verstandesmäßig, geistig 2. einseitig, betont verstandesmäßig, auf den Intellekt ausgerichtet 3. die Intellektuellen betreffend, zu ihnen gehörend
Kommission	1. a. mit einer bestimmten Aufgabe offiziell betrautes Gremium b. Gremium von Sachverständigen, Fachleuten 2. (Kaufmannssprache veraltend) Bestellung von Ware 3. Etwas in Kommission geben, nehmen, haben – etwas in Auftrag geben, nehmen, haben, damit es für den Besitzer verkauft werden kann

Fremdwort	Bedeutung laut Duden

konstatieren	1. feststellen
	Beispiel: der Arzt konstatiert den Tod
	2. feststellen
	  a. in Erfahrung bringen, ermitteln
	  b. bemerken, erkennen, wahrnehmen
	  c. mit Entschiedenheit sagen, nachdrücklich aussprechen
	3. feststellen
	  a. durch Einstellen festmachen, arretieren

Evidenz	1. a. (bildungssprachlich) das Evidentsein; unmittelbare und vollständige Einsichtigkeit, Deutlichkeit, Gewissheit
	  b. unumstößliche Tatsache, faktische Gegebenheit
	2. a. (österreichisch) Ort, an dem Daten oder Unterlagen gesammelt werden; Register; Ablage
	  b. (Wirtschaft) Aufstellung der Lagerbestände (einschließlich der Zu- und Abgänge)
	3. (Medizin, Pharmazie) empirisch erbrachter Nachweis der Wirksamkeit eines Präparats, einer Therapieform oder Ähnliches

infantil	1. auf kindlicher Entwicklungsstufe stehen geblieben, geistig oder körperlich unterentwickelt 2. (Fachsprache) der kindlichen Entwicklungsstufe entsprechend, einem Kind angemessen, kindlich 3. (abwertend) kindisch, unreif
sporadisch	1. vereinzelt (vorkommend); verstreut 2. gelegentlich, nur selten
eloquent	beredt, wortreich und ausdrucksvoll Beispiele: ■ eine eloquente Rednerin ■ eine eloquente Schilderung ■ er vertrat seinen Standpunkt äußerst eloquent

5 Allgemeinwissen für Reisende

Zum Allgemeinwissen gehören berühmte Bauwerke und Sehenswürdigkeiten in verschiedensten Ländern. Auf Partys und bei Essenseinladungen sind sie ein beliebtes Thema. Dieses Kapitel wird Sie in die Lage versetzen, in Gesprächen spannende Informationen beizutragen. Natürlich können Sie auch nur für sich Ihr Wissen erweitern.

Maßgeblich hängt das Wissen über Bauwerke von den eigenen Erfahrungen ab. Wer bereits in Paris war, kennt die Sehenswürdigkeiten der Stadt und hat deren Namen im Kopf. Wer noch nie die französische Hauptstadt besucht hat, kann außer dem Eiffelturm wahrscheinlich wenige Attraktionen aufzählen und wird schnell überfordert sein, wenn hintereinander Namen wie Sacré-Cœur oder Centre Pompidou erwähnt werden. Es macht auch wenig Sinn, die schwierigen Namen im Voraus zu lernen, ohne je ein Bild von den Monumenten zu Gesicht bekommen zu haben.

Entscheidend ist weiterhin, dass manche Länder und damit auch ihre Sehenswürdigkeiten bekannter und beliebter sind als andere und ihre Namen deswegen häufiger in Unterhaltungen fallen. Aus diesen Gründen habe ich das methodische Vorgehen für dieses Wissen flexibel gestaltet.

Unabhängig davon lernen Sie, dass es bestimmte faszinierende Dinge wie beispielsweise die sieben neuen Weltwunder überhaupt gibt und dass Sie diese in der richtigen Reihenfolge nennen können. Sie lernen die beliebtesten Bauwerke Deutschlands kennen, aber auch architektonische Höhepunkte in fernen Ländern. Und von bereits bekannten

Sehenswürdigkeiten erfahren Sie außerdem interessante Zusatzinformationen.

Beginnen wir mit den sieben neuen Weltwundern.

Die sieben neuen Weltwunder

Neben den sieben antiken Weltwundern, die Sie schon kennengelernt haben (siehe S. 15 ff.), existieren auch die sieben neuen Weltwunder. Diese legte die NewOpenWorld Foundation mittels einer Jury im Jahr 2000 fest, mit dem Wunsch, Menschen aus aller Welt aufgrund ihres gemeinsamen kulturellen Erbes miteinander zu verbinden.

Da es das Ziel ist, die sieben neuen Weltwunder nennen zu können, verwenden Sie die Kettenmethode und einen dazu passenden Auslöser, um mit der Geschichte zu starten. Die genauen Bezeichnungen fügen Sie in einem zweiten Schritt hinzu:

Die wundersame **Weltkugel**
plumpst auf eine Pyramide, vor deren oberem Eingang Gitterstäbe angebracht sind, sodass es aussieht wie ein **Kittchen.** *Davor liegt ganz viel* **Glitzer.**
Dieser Glitzer rutscht nun wie auf **Schienen** *eine* **Mauer** *hinunter.*
Auf der Mauer steht **Christus** *mit ausgebreiteten Armen und hält eine* **Rede** *vor einem* **Tor.**
Vor dem Tor rollt plötzlich ein dicker **Kloß** *herum.*
Der Kloß rollt auf eine grüne Wiese, die plötzlich nur noch Matsch *ist und außerdem* **pitschnass.**
Der nasse Matsch kann da nicht bleiben und wird deshalb in **Tetrapaks** *gefüllt.*
Auf der Rückseite eines Tetrapaks steht: »**Tatsch** *mal die* **Halle** *an!*«

Bitte zuerst die Geschichte wiederholen und festigen, danach erst die richtigen Zuordnungen ergänzen.

Merkhilfe	Neues Weltwunder
Die wundersame Weltkugel	Auslöser für die Weltwunder
plumpst auf eine Pyramide, vor deren oberem Eingang Gitterstäbe angebracht sind, sodass es aussieht wie ein **Kittchen**. Davor liegt ganz viel **Glitzer**.	Chichén Itzá (gesprochen »Tschitschen Itza«); Maya-Ruinen auf der Halbinsel Yucatán (Mexiko)
Dieser Glitzer rutscht nun wie auf **Schienen** eine **Mauer** hinunter.	Chinesische Mauer (Volksrepublik China)
Auf der Mauer steht **Christus** mit ausgebreiteten Armen und hält eine **Rede** vor einem **Tor**.	Cristo Redentor; Christusstatue in Rio de Janeiro (Brasilien)
Vor dem Tor rollt plötzlich ein dicker **Kloß herum**.	Kolosseum; antikes Amphitheater in Rom (Italien)
Der Kloß rollt auf eine grüne Wiese, die plötzlich nur noch **Matsch** ist und außerdem **pitschnass**.	Machu Picchu; Inka-Ruinenstadt in den Anden (Peru)
Der nasse Matsch kann da nicht bleiben und wird deshalb in **Tetra**paks gefüllt.	Petra; antike Felsenstadt (Jordanien)
Auf der Rückseite eines Tetrapaks steht: »**Tatsch mal** die **Halle** an!«	Taj Mahal; Grabmal in Agra (Indien)

Wie man Namen von Bauwerken abspeichert

Jetzt können Sie die sieben neuen Weltwunder in der richtigen Reihenfolge nennen. Aber haben Sie zu ihnen auch die entsprechenden Bilder im Kopf? Wenn ja, ist es noch viel leichter, sie abzuspeichern. Oft kommt es vor, dass man ein Bauwerk auf einem Foto erkennen kann, jedoch nicht den Namen des abgebildeten Gebäudes. Oder umgekehrt: Man weiß den Namen, hat aber kein entsprechendes Bild vor Augen.

Im Folgenden werden Sie mit einer neuen Methode konfrontiert, um sich etwas merken zu können. Mit ihr sind Sie in der Lage, die Bezeichnungen eines Bauwerks aufgrund einer Abbildung von ihm zu behalten. Dazu suchen wir uns in dem Foto des Gebäudes einen Auslöser (eine auffällige Besonderheit), der uns über eine kleine Geschichte, die als Merkhilfe dient, zum Namen führt.

Fangen wir einfach an, Sie werden das dahintersteckende Prinzip schnell erfassen:

Die Ruinenstätte Chichén Itzá

Merkhilfe: Oben, vor der kleinen Öffnung der Pyramide (Bildauslöser), sind Gitterstäbe angebracht, es sieht aus wie ein **Kittchen**. Davor liegt ganz viel **Glitzer**.

(Chichén Itzá; Maya-Ruinen auf der Halbinsel Yucatán, Mexiko)

Die Chinesische Mauer

Merkhilfe: Vom hohen Absatz aus (Bildauslöser) wird Glitzerpulver verstreut. Das rutscht wie auf **Schienen** die **Mauer** hinunter.

(Chinesische Mauer; China)

Das Cristo Redentor

Merkhilfe: Mit den ausgebreiteten Armen (Bildauslöser) lädt **Christus** die Menschen ein, denn er möchte eine **Rede** vor dem **Tor** halten.

(Cristo Redentor; Rio de Janeiro, Brasilien)

Römisches Amphitheater: Das Kolosseum

Merkhilfe: Vor dem rechten unteren Torbogen (Bildauslöser) rollt ein dicker **Kloß herum**.

(Kolosseum; antikes Amphitheater in Rom, Italien)

Machu Picchu: Die Ruinenstadt der Inka

Merkhilfe: Auf der großen grünen Fläche in der Mitte der Ruinen (Bildauslöser) ist nur noch **Matsch**, und der ist **pitschnass**.

(Machu Picchu; Inka-Ruinenstadt in den Anden, Peru)

Die verlassene Felsenstadt Petra

Merkhilfe: Vor den verschiedenen Eingängen (Bildauslöser) stehen ganz viele **Tetrapaks**.

(Petra; antike Felsenstadt, Jordanien)

Das Mausoleum Taj Mahal

Merkhilfe: Über dem großen Eingangsportal (Bildauslöser) hängt ein riesiges Schild, und darauf steht: »**Tatsch mal** die **Halle** an!«

(Taj Mahal; Grabmal in Agra, Indien)

Auch im umgekehrten Fall – man hat das Bild von einem Bauwerk im Kopf, es fehlt dazu aber der Name – funktioniert diese Methode. Ein gutes Beispiel dafür ist das bekannte Denkmal mit den in Felsen gehauenen Köpfen von vier amerikanischen Präsidenten. Aber wie hieß doch bloß dieses Monument? Und wer waren eigentlich die Präsidenten?

Mount Rushmore National Memorial

Mithilfe einer kleinen Geschichte können Sie sich die Information über das Bild leicht einprägen:

Merkhilfe: Die **vier Gesichter** (Bildauslöser) rutschen vom Berg (engl. **Mount**) **rasch** ins **Moor** (Mount Rushmore).

Jetzt noch die Namen der vier abgebildeten Präsidenten von links nach rechts: George Washington, Thomas Jefferson, Theodore Roosevelt und Abraham Lincoln. Um diese zu behalten, führen Sie entweder die Geschichte beim »Moor« fort, oder Sie verwenden zum besseren Merken den schon verwendeten Bildauslöser:

Unter den **Gesichtern** (Bildauslöser) stellen Sie sich eine Wäscheleine vor:

Die **Wäsche hing schon** (Washington), als ein **Schäfersohn** (Jefferson) aufs **Rosenfeld** (Roosevelt) lief und Blumen in den **Winkeln** (Lincoln) fand.

Sie sehen: Bei so vielen Namen kann schon eine recht abstruse Geschichte entstehen. Einprägsam ist sie aber trotzdem.

Sollten Sie die Gesichter der vier Präsidenten kennen, brauchen Sie natürlich keine Merkhilfe.

Deutsche Sehenswürdigkeiten

Die Deutsche Zentrale für Tourismus (DTZ) hat durch eine Umfrage die beliebtesten Sehenswürdigkeiten Deutschlands ermittelt. Entstanden ist dadurch eine TOP-100-Liste, von der Sie sich die ersten zehn Attraktionen mit der Kettenmethode merken können:

Ein **Japaner mit Fotoapparat**
fotografiert ein **Schloss***, auf dem* **Heidelbeeren** *wachsen.*
Die Heidelbeeren frisst ein **neuer Schwan.**
Der Schwan bekommt Durst und trinkt ein großes **Kölsch.**
Gebrannt *wurde das Kölsch in einer* **Burg***, von einem* **Tor.**
Der Tor **dreht sich** *um und sieht eine* **Frau** *aus einer* **Kirche** *kommen.*
Die Frau isst einen **Hamburger***, den sie aber sofort in den* **Hafen** *wirft.*
Im Hafen steht eine **Lore***, die man sich* **leihen** *kann, um damit auf zwei Schlösser zu fahren.*
Auf dem einen **Schloss sangen sie,**

*und auf dem anderen **Schloss** schwätzten sie.*
*Von den beiden Schlössern schauten abschließend alle auf ein **Museum**, das auf einer **Insel in Berlin** steht.*

Sitzt die Kette? Vermutlich haben Sie schon die eine oder andere Idee, welches Wort für welche Sehenswürdigkeit steht. Zuerst sollten Sie aber wirklich die Geschichte festigen, dann geht's an die Auflösung.

Merkhilfe	Sehenswürdigkeit
Ein **Japaner mit Fotoapparat**	Auslöser für Sehenswürdigkeiten
fotografiert ein **Schloss**, auf dem **Heidelbeeren** wachsen.	Schloss Heidelberg
Die Heidelbeeren frisst ein **neuer Schwan**.	Schloss Neuschwanstein
Der Schwan bekommt Durst und trinkt ein großes **Kölsch**.	Kölner Dom
Gebrannt wurde das Kölsch in einer **Burg**, von einem **Tor**.	Brandenburger Tor
Der Tor **dreht sich** um und sieht eine **Frau** aus einer **Kirche** kommen.	Dresdner Frauenkirche
Die Frau isst einen **Hamburger**, den sie aber sofort in den **Hafen** wirft.	Hamburger Hafen
Im Hafen steht eine **Lore**, die man sich **leihen** kann, um damit auf zwei Schlösser zu fahren.	Loreley
Auf dem einen **Schloss sangen sie**,	Schloss Sanssouci
und auf dem anderen **Schloss schwätzten sie.**	Schloss Schwetzingen
Von den beiden Schlössern schauten abschließend alle auf ein **Museum**, das auf einer **Insel in Berlin** steht.	Museumsinsel in Berlin

Kennen Sie das Schloss in Schwetzingen? Haben Sie ein Bild von der Loreley im Kopf? Bei dieser Kette bin ich davon ausgegangen, dass jeder die Sehenswürdigkeiten zumindest vom Namen her kennt und die meisten auch einmal ein Foto von diesen bedeutsamen Attraktionen gesehen haben. Sollte das nicht der Fall sein, können Sie es in Büchern oder im Netz nachholen.

Mir ist bewusst, dass das eine oder andere Gebäude womöglich interessanter erscheint. Viele werden die Wartburg wahrscheinlich wesentlich imposanter finden als zum Beispiel die Loreley. Das ist der Unterschied zwischen erlerntem Wissen und persönlicher Erfahrung. Letztere ist einfach nicht zu ersetzen.

Die deutschen TOP-Sehenswürdigkeiten nach ihrem Ranking sind Ihnen nun ein Begriff. Wenn Sie tiefer in die Materie einsteigen möchten, bildet die Kettenmethode dafür eine gute Grundlage. Vielleicht wollen Sie folgende Fragen beantwortet wissen:

- Wodurch wurde das Schloss in Heidelberg zerstört?
- Wann wurde Schloss Neuschwanstein errichtet?
- Welcher Baustil ist dem Brandenburger Tor zuzuordnen?

Wenn ja, dann ist allein Ihre Motivation entscheidend für den Erfolg. Nur wenn Sie wirkliches Interesse an diesen zusätzlichen Informationen haben, werden Sie sich diese leicht merken können.

Bei der nächsten Übung habe ich auf mnemotechnische Hilfsgeschichten verzichtet, sie würden bei den komprimierten Aussagen mit den vielen Namen und Daten zu weit von der eigentlichen Information abweichen. Sollten Sie sich alle Kurzinformationen merken wollen, hilft die bildhafte Vorstellung. Wenn Sie nach dem Lesen dieser innehalten und sich den Inhalt bildhaft wie eine Handlung vorstellen, wird sie sich besser einprägen.

Suchen Sie sich die Dinge heraus, die Sie faszinierend finden.

Sehenswürdigkeit	Kurzinformation
Schloss Heidelberg	Frühere Residenz der Kurfürsten von der Pfalz im Stil der Renaissance, die durch zweimaligen Blitzeinschlag mit anschließendem Großfeuer zerstört wurde.
Schloss Neuschwanstein	Der bayerische König Ludwig II. wollte unbedingt eine mittelalterliche Ritterburg zu seinen Besitztümern zählen. 1869 fingen die Bauarbeiten an, nach den idealisierten Entwürfen des Theatermalers Christian Jank.
Kölner Dom	Nachdem die Reliquien der Heiligen Drei Könige von Mailand nach Köln kamen, musste aufgrund der vielen Pilger eine größere Kirche errichtet werden. 1248 wurde damit begonnen, 1880 war der Dom im spätmittelalterlich-gotischen Stil vollendet. Der offizielle Name: Hohe Domkirche St. Petrus. Es ist die dritthöchste Kirche der Welt.
Brandenburger Tor	Einst ein Stadttor, das auf Anweisung des preußischen Königs Friedrich Wilhelm II. im frühklassizistischen Stil neu gestaltet wurde. Der Architekt Carl Gotthard Langhans orientierte sich dabei an dem Stadttor von Athen, und weil in einem Relief die Friedensgöttin Nike zu sehen ist, nannte man es lange Zeit Friedenstor.
Frauenkirche Dresden	Die evangelische Kirche im barocken Baustil hieß ursprünglich »Unserer Lieben Frau«, gemeint war Maria, die Mutter von Jesus. Wurde Ende des Zweiten Weltkriegs durch Luftangriffe zerstört. Nach der Wende wurde die Ruine wiederaufgebaut, als Mahnmal gegen den Krieg.
Hamburger Hafen	Größter See- und Containerhafen in Deutschland, seine Ursprünge liegen im 9. Jahrhundert. Alte Industriebrachen wurden zu neuen Wohn- und Arbeitsgebieten; gilt als ehrgeizigstes städtebauliches Projekt der Gegenwart.
Loreley	Ein Schieferfelsen im oberen Mittelrheintal bei Sankt Goarshausen Die meisten verbinden mit dem Namen aber eine Nixe auf dem steil aufragenden Felsen. Der Legende nach soll sie die Schiffer mit ihren goldblonden Haaren und ihrem betörenden Gesang abgelenkt haben.
Schloss Sanssouci	Erst war das Rokoko-Hohenzollernschloss in Potsdam nur Sommersitz des preußischen Königs Friedrich II., später Refugium in schweren Zeiten.

Sehens-würdigkeit	Kurzinformation
Schloss Schwetzingen	Diente den pfälzischen Kurfürsten Karl Philipp und Karl Theodor als Sommerresidenz. Das einstige Wasserschloss ist Austragungsort der jährlichen Schwetzinger Festspiele.
Museumsinsel in Berlin	Ein Komplex auf einer Spreeinsel mit fünf Museen in der historischen Mitte der Hauptstadt: Altes Museum, Neues Museum, Pergamonmuseum, Alte Nationalgalerie, Bode-Museum.

Natürlich sind im Einzelfall auch hier mnemotechnische Techniken nützlich. Die fünf Museen auf der Spreeinsel können Sie sich zum Beispiel durch folgende Geschichte einprägen:

Auf der **Insel** *(Auslöser) besuchen Sie zuerst das* **alte** *(Altes Museum), dann das* **neue Museum** *(Neues Museum). Im neuen Museum finden Sie ein großes* **Pergament** *(Pergamon), auf der eine ganze* **Nation** *(Nationalgalerie) abgebildet ist, die sich gerade auf den* **Boden** *setzt (Bode-Museum).*

Haben Sie spannende Informationen gefunden? Konnten Sie Ihr Wissen erweitern? Vielleicht haben Sie ja sogar ein bisschen Reiselust bekommen. Deutschland bietet viele schöne Sehenswürdigkeiten, und manche liegen gar nicht so weit vom eigenen Wohnort entfernt.

Sehenswürdigkeiten in Europa

Um bauwerkliche Attraktionen in Europa kennenzulernen, folgen Sie demselben Prinzip wie bei den deutschen Highlights. Ich gehe davon aus, dass Ihnen der Eiffelturm in Paris ein Begriff ist und Sie aufgrund seines Namens auf den Erbauer Gustave Eiffel schließen können. Wann und warum der

Eiffelturm überhaupt erbaut wurde, könnte bereicherndes Zusatzwissen für Sie sein. Natürlich nur, wenn Sie überhaupt motiviert sind, mehr über Paris zu erfahren.

Auch bei dieser Übung sind bildhafte Geschichten für das Einprägen zusätzlicher Informationen nützlich. Sie können sich das Vorstellungsbild selbst kreieren, dazu ein Beispiel: Den Schiefen Turm von Pisa kennt fast jeder. Warum er schief ist, wissen nur wenige:

Sehenswürdigkeit	Kurzinformation	Vorstellungsbild
Schiefer Turm von Pisa (Italien)	Freistehender Glockenturm, der zum Dom von Pisa gehört. Ausgrabungen zufolge wurde der Turm auf einem versandeten Hafenbecken errichtet.	Der Schiefe Turm von Pisa fällt mit der schweren Glocke auf den Dom, und beides sinkt in ein sandiges Hafenbecken.

Suchen Sie sich in der folgenden Liste – sie ist alphabetisch nach Ländern geordnet – die Sehenswürdigkeiten heraus, über die Sie mehr erfahren möchten. Sie hat keinen Anspruch auf Vollständigkeit. Sollten Ihre favorisierten Highlights fehlen, können Sie Ihr Wissen mit der Vorstellungsmethode auf gleiche Art und Weise erweitern.

Sehenswürdigkeit	Kurzinformation
Atomium; Brüssel (Belgien)	Das Ufo-artige Gebilde stellt ein Eisenmolekül mit neun Riesenkugeln von achtzehn Metern Durchmesser dar. Wurde das Wahrzeichen der Weltausstellung 1958.
Kleine Meerjungfrau; Kopenhagen (Dänemark)	Bronzefigur, die auf einem Findling an der Uferpromenade Langelinie in Kopenhagen sitzt. Ihr Vorbild ist eine Märchenfigur, die der dänische Dichter Hans Christian Andersen geschaffen hat.
Big Ben; London (England)	Eigentlich ist Big Ben nur die Bezeichnung der größten der fünf Glocken, die im Uhrturm am Westminster-Palast hängen. Häufig wird aber der Uhrturm selbst Big Ben genannt, der seit dem sechzigjährigen Thronjubiläum der Queen 2012 den Namen »Elizabeth Tower« trägt.

Sehenswürdigkeit	Kurzinformation
Roter Platz; Moskau (Russland)	Kaum ein Platz auf der Welt ist bekannter als der Rote Platz. Der ehemalige Marktplatz ist mit dem Kreml Zentrum der Macht. Architektonisch außergewöhnlich sind auch die Basilius-Kathedrale, das Lenin-Mausoleum und das Warenhaus GUM.
Tower Bridge; London (England)	Die Klappbrücke über die Themse wurde im neugotischen Stil 1894 errichtet. Fußgänger können die Brücke von Turm zu Turm auf einem Steg überqueren.
Stonehenge; Grafschaft Wiltshire (England)	Kreis aus Pfeiler- und Decksteinen aus der Jungsteinzeit; eine Grabanlage, die auch zu kultischen Zwecken genutzt wurde
Westminster Abbey; London (England)	Gotische Krönungs- und Grabeskirche englischer Könige, aber auch Beisetzungsstätte von Charles Darwin, Charles Dickens, Georg Friedrich Händel oder Isaac Newton
Eiffelturm; Paris (Frankreich)	Das hundertjährige Jubiläum der Französischen Revolution war Anlass für die zehnte Weltausstellung in Paris 1889. Dazu wurde der Eiffelturm als Eingang und Aussichtsplattform errichtet.
Akropolis; Athen (Griechenland)	Stadtfestung im antiken Griechenland. Auf einem flachen, 156 Meter hohen Felsen ist die Schutzburg der Könige und späterer Göttersitz 467 bis 406 v. Chr. erbaut worden.
Engelsburg; Rom (Italien)	Ursprünglich das Mausoleum für Kaiser Hadrian, später eine Papstburg. Den heutigen Namen erhielt die Anlage im Jahr 590, als in Rom die Pest wütete. Papst Gregor I. soll dort die Erscheinung des Erzengels Michael gesehen haben, der ihm das Ende der Pest verkündete. Da dies wirklich passierte, wurde eine Engelsstatue auf der Spitze des Gebäudes angebracht.
Petersdom; Rom (Italien)	Zentrum der Christenheit und Ziel von Pilgern aus der ganzen Welt, liegt am einstigen Grab von Apostel Petrus. Grundriss ist der Kreuzform nachempfunden, die Kuppel von Michelangelo ist 132 Meter hoch. Ein etwas größerer Nachbau befindet sich in Yamoussoukro (Elfenbeinküste).

Sehenswürdigkeit	Kurzinformation
Schloss Schönbrunn; Wien (Österreich)	Barockes Gesamtkunstwerk aus Schloss und Garten der Habsburger; kultureller und politischer Mittelpunkt der Kaiserfamilie
Stephansdom; Wien (Österreich)	Das gotische Bauwerk besitzt vier Türme und wurde nach dem heiligen Stephanus benannt, der als erster christlicher Märtyrer gilt.
Kloster Einsiedeln; Einsiedeln (Schweiz)	Benediktinerabtei, die von dem Mönch Meinrad gegründet wurde. Bedeutende Station auf dem Jakobsweg mit der Schwarzen Madonna in der Gnadenkapelle
Alhambra; Granada (Spanien)	Stadtburg, die von den Mauren erbaut wurde, als diese im Mittelalter die iberische Halbinsel eroberten. Die Zitadelle blieb die letzte Bastion der Mauren, bis sie 1491 von den spanischen katholischen Königen vertrieben wurden.
Karlsbrücke; Prag (Tschechien)	Eine der ältesten Steinbrücken Europas; es heißt, Eidotter im Mörtel hätte die Konstruktion verstärkt. Früher war es die einzige Brücke über die Moldau.
Hagia Sophia; Istanbul (Türkei)	Im 6. Jahrhundert als letztes großes Bauwerk der Antike errichtet. Die Kuppelkirche des Byzantinischen Reichs wurde dann von den Osmanen erobert und in eine Moschee umgewandelt. Heute ist sie ein Museum.

Damit haben sich hoffentlich die europäischen Bauwerke einen Platz in Ihrem Allgemeinwissen erobert. Konnten Sie sich einige Details gut vor Ihrem geistigen Auge vorstellen? Zum Merken von Zahlen erhalten ab S. 154 ff. noch eine methodische Hilfestellung.

Sehenswürdigkeiten in Amerika

Ihre gedankliche Reise geht weiter nach Amerika, nach Süd-, Mittel- und Nordamerika. Auch für die dortigen Attraktionen können Sie sich Zusatzwissen aneignen.

Sehenswürdigkeit	Kurzinformation
Kapitol; Washington D. C. (USA)	Klassizistisches Kuppelgebäude, 1793 erbaut und Sitz des amerikanischen Kongresses. Regelmäßig finden hier Sitzungen des Senats und des Repräsentantenhauses statt. Die Bezeichnung »Kapitol« leitet sich von einem der sieben klassischen Hügel Roms ab, dem Kapitolinischen Hügel.
Empire State Building; New York City (USA)	1930 bis 1931 erbauter Wolkenkratzer in Manhattan; mit 443 Metern bis 1972 das höchste Gebäude der Welt
Golden Gate Bridge; San Francisco (USA)	Wahrzeichen von San Francisco. War mit ihrer Länge von 1280 Metern bis 1964 die längste Hängebrücke der Welt.
Brooklyn Bridge; New York City (USA)	Zum Zeitpunkt ihrer Erbauung, 1883, war es weltweit die längste Hängebrücke. Ihr deutscher Konstrukteur, John August Roebling, starb nach einem Unfall bei Vermessungsarbeiten; sein Sohn Washington beendete sein Werk.
Freiheitsstatue; Liberty Island (USA)	Neoklassizistische Kupferstatue von 1886 im New Yorker Hafen. Sie symbolisiert Libertas, die römische Göttin der Freiheit, und ist ein verspätetes Geschenk der Franzosen an die Amerikaner zum 100. Jahrestag der Unabhängigkeitserklärung.
Copán; San José (Honduras)	Einst eine bedeutende Stadt der Mayas, heute eine Ruinenstätte mit Stelen, Skulpturen und Gebäuden
Panamakanal (Panama)	Die knapp zweiundachtzig Kilometer lange künstliche Wasserstraße mit Stauseen und Schleusen verbindet den Atlantik mit dem Pazifik. Der Kanal wurde 1914 eröffnet.

Natürlich gibt es noch viele andere Höhepunkte in Nord-, Süd- oder Mittelamerika. Wie jede Liste hier erhebt auch diese keinen Anspruch auf Vollständigkeit.

Sehenswürdigkeiten in Asien und Australien

Übungen mit Seminarteilnehmern haben gezeigt, dass die meisten spektakulären Bauwerke oder Anlagen in Asien oder Australien nur einer Minderheit bekannt sind. Wir können in diesem Bereich also kaum auf vorhandenem Wissen aufbauen. Aus diesem Grund habe ich mich für eine andere Vorgehensweise entschieden: Ein Land wird als Auslöser genommen, das über eine Merkhilfe mit einer Attraktion verknüpft wird.

Sollten Sie jemanden treffen, der gerade in einem der genannten Staaten war, können Sie zumindest ein wenig mitreden:

Land	Merkhilfe	Sehenswürdigkeit
Australien	Im Beutel eines **australischen Kängurus** sitzt ein **Opa** und **sieht nichts**.	Oper von Sydney; Sydney
China	Ein **Chinese** geht trotz Verbotsschildern in die **verbotene Stadt**.	Verbotene Stadt; Peking
Indonesien	Nach dem **In-der-Nase-Bohren** braucht man **Puder**.	Tempelanlage Borobudur; Java
Kambodscha	Einen **Kamm** findet man in einem **Boot**, das vor **Anker** im **Watt** liegt.	Angkor Wat; in der Nähe von Siem Reap
Nepal	**Neben** dem **Ball** in der **Stube** kostet der dazu passende **Schwamm hundert Bath**.	Stupa im Tempelkomplex von Swayambhunath; Kathmandu
Indien	**Inder fahren an** die **See**.	Varanasi; heiligste und älteste Stadt am Ganges
Israel	Es **ist reell**, dass auf dem **Felsen** ein **Dom** steht.	Felsendom; Jerusalem
Japan	**Ja**, die **Panflöte** macht Töne bis zum **Himmel**, des is **schee**!	Burg Himeji; Himeji
Libanon	Da **liebt** der **Baron Tempelanlagen**, in denen ein **Ball** ins **Becken** geworfen wird.	Tempelanlagen von Baalbek; Baalbek

Land	Merkhilfe	Sehenswürdigkeit
Myanmar	Da **mühen** sich **am Meer hysterische Könige** in der **Stadt**, und einer **packt** richtig **an**.	Historische Königsstadt Bagan; Mandalay
Pakistan	In ein **paar Kisten** sitzen **Moorhennen** und spielen **Tarot**.	Mohenjo-Daro; in der Nähe von Larnaka
Malaysia	Sei **mal leise**, sprechen ist **tabu** in den **Höhlen**.	Batu-Höhlen; Kuala Lumpur
Philippinen	**Viele Lippen** essen gerne **Reis** auf den **Terrassen** mit **Bananen**.	Reisterrassen von Banaue; auf der Insel Luzón
Russland	Der **Ruß** legt sich im ganzen **Land** auf die Holzkirchen – in denen findet man **Kirschkompott**.	Holzkirchen von Kischi Pogost; auf der Insel Kischi im Onegasee
Saudi-Arabien	**Gaudi haben die Bienen** beim **Kaba**-Trinken.	Kaaba; Mekka
Syrien	In TV-**Serien** spielt eine **Krake** mit, **die in der Chef-Allee** wohnt.	Crac de Chevaliers; Nahe Homs
Thailand	Ein **Thaiboxer** wird in **Watte** gepackt und schaut, ob **Ma** noch mehr **hat** – und sie **hat**.	Wat Mahathat; Tempelanlage in der Provinz Sukhothai
Türkei	Ein **Dönerverkäufer** steht in **Ruinen**, und da wächst **Efeu** einfach **so**.	Ruinen von Ephesos; in der Nähe von Selçuk
Vietnam	Das **Vieh nahm an** einer **Säule** ein **paar gute** Sachen zu sich.	Einsäulenpagode; Hanoi

Sehenswürdigkeiten in Afrika

Auch in Afrika, vor allem in Nordafrika, gibt es einige Bauwerke, die sehenswert sind. Und so finden Sie im Folgenden eine Auswahl afrikanischer Länder und dazu jeweils ein bekanntes Bauwerk:

Land	Merkhilfe	Sehenswürdigkeit
Ägypten	**Eh, gib dem** Mann ein Tuch für den **Tempel**, er hat einen **kahlen Nacken**.	Tempel von Karnak; in der Nähe von Luxor
Äthiopien	**Etliche Utopien** hauen einen wie eine **Axt um**.	Aksum; liegt in der Region Tigray, im Norden von Äthiopien (frühere Hauptstadt des Königreichs Aksum)
Mali	**Mal in** der großen **Moschee** die **Henne** an.	Große Moschee von Djenné; Djenné
Libyen	**Liebe Bienen:** »**Liebt das Magma!**«	Leptis Magna; nahe der Stadt al Chums
Madagaskar	Die **Magd** gibt **Gas** mit der **Karre**, einem **Rover** mit **Antenne**.	Rova von Antananarivo; Königspalast in der Hauptstadt Antananarivo
Marokko	Die **Ma** vom **Rocker** hat **zwei Hasen**. Die riechen nach **Moschus**.	Hassan-II.-Moschee; Casablanca
Tunesien	Sie **tun dies**, ohne zu **sehen**: mit dem **Ellbogen** auf der **Djembe** spielen.	El Djem; Amphitheater in El Djem

Bei Afrika fallen einem auch unweigerlich Nationalparks ein, die unbedingt zu den Sehenswürdigkeiten des Schwarzen Kontinents zählen. Aus diesem Grund können Sie sich hier die bekanntesten Nationalparks aus zehn verschiedenen Ländern einprägen:

Land	Merkhilfe	Nationalpark
Botswana	Er hat einen **Putzwahn** – und putzt sogar den **Schober**.	Chobe-Nationalpark
Demokratische Republik Kongo	Die **Bongo** spielt er **wie ein Ungar**.	Virunga-Nationalpark
Gambia	Die **Gambas** kauften der **Abt** und Co.	Abuko-Nationalpark
Kenia	**Keiner da**, doch **Ando** ist **selig**.	Amboseli-Nationalpark

Land	Merkhilfe	Nationalpark
Kamerun	In der ganzen **Kammer herum** liegt **Wasa**-Brot verteilt.	Waza-Nationalpark
Namibia	**Nahm ich Bier,** kündigte ich **es** mit einem **Tusch an**.	Etosha-Nationalpark
Sambia	Nach der **Samba** trinkt man **Kaffee**.	Kafue-Nationalpark
Simbabwe	Das Löwenbaby **Simba war weg**, und seiner Mama liefen Tränen über die **Wange**.	Hwange-Nationalpark
Südafrika	Man trinkt im **Süden Afri-Cola** nur aus **Krügen**.	Krüger-Nationalpark
Tansania	**Tanja sah** man **nie sehr eng** mit dem **Yeti**.	Serengeti-Nationalpark

Das war's! Ich hoffe, Sie hatten Spaß mit den Merkhilfen, und vielleicht haben Sie ein paar Anregungen bekommen, um Ihr Wissen in diesem Bereich noch mehr zu erweitern.

6 Zahlen, Daten, Fakten langfristig merken

Unser Gedächtnis verknüpft neue Informationen am besten, wenn unsere Sinne (Sehen, Hören, Riechen, Schmecken, Tasten) mit einbezogen werden. Erlebnisse werden automatisch zusammen mit den Personen und Orten abgespeichert. Sieht man die Person oder den Ort wieder, fallen einem die Erlebnisse meistens wieder ein. All dies fehlt beim Einprägen von Zahlen, da Zahlen nicht bildhaft sind.

Menschen, die aus beruflichen Gründen viel mit Zahlen zu tun haben, sind oftmals gut trainiert im Einprägen von Zahlen. Der ständige Umgang damit eröffnet dem Gedächtnis Speichermöglichkeiten, die für andere nicht sofort zu erschließen sind. Wenn wir uns an Ereignisse zurückerinnern, fällt es den meisten Menschen leichter, sich den Ort oder das Ereignis selbst wieder in Erinnerung zu rufen, als das Datum. Nur wenige können auf Anhieb sagen, wo sie im Urlaub vor vier oder vor sieben Jahren waren. Was haben Sie Ostern vor fünf Jahren gemacht? Kaum einer kann das aus dem Stegreif beantworten.

Und weil das so ist und weil man das eigentlich gern ändern würde, geht es jetzt darum, wie Sie sich Jahreszahlen und Daten einprägen können.

Zahlen behalten mit Methode

Um Zahlen abrufen zu können – Sie gehören zweifellos zum Allgemeinwissen –, stehen Ihnen mehrere Methoden zur Verfügung. Je nach Situation können Sie unter diesen Möglichkeiten wählen:

- Merksprüche
- Verknüpfung
- Mathematik
- Matrix-Muster
- Zahlenbilder
- Major-System

Im Folgenden stelle ich Ihnen die genannten Methoden mit ihren Vor- und Nachteilen vor, abhängig von dem, was für Zahlen man sich merken möchte.

1. Merksprüche
Das Prinzip ist ganz einfach: Es geht darum, die Abfolge oder den Klang von Zahlen in einen Merkspruch umzuwandeln.

Ein Beispiel: 333 bei Issos Keilerei.
(Der geschichtliche Hintergrund: Bekannt wurde die Stadt Issos durch die Schlacht im Jahr 333 v. Chr., bei dem der makedonische Herrscher Alexander der Große über das eigentlich überlegenere Heer des persischen Königs Dareios III. siegte.)

»333 bei Issos Keilerei« – man muss diesen Satz nur einmal hören oder lesen, schon ist er im Kopf und geht mühelos über die Lippen. Diese Methode bietet sich in diesem Fall an, weil ein Reim möglich ist und der zusammen mit der Zahl auch einen Sinn ergibt. Das kommt leider nur selten vor, und somit ist diese Methode kaum zu verwenden. Immerhin ist sie trotz der wenigen Beispiele so bekannt geworden.

2. Verknüpfung
Bei dieser Technik wird die Zahl mit einer bekannten Information verbunden.

Ein Beispiel: 20. Januar 1945. Der amerikanische Präsident Roosevelt wird erneut als US-Präsident vereidigt.

Das Ende des Zweiten Weltkriegs und die damit verbundene Jahreszahl 1945 hat fast jeder im Kopf. Wenn Sie sich jetzt merken wollen, dass Franklin D. Roosevelt wieder vereidigt wurde, können Sie eine Verbindung zum Zweiten Weltkrieg herstellen. Trotz des Eintritts der Vereinigten Staaten in den Zweiten Weltkrieg konnte sich der Demokrat erneut halten. Einige Monate vor Ende des Krieges in Europa wurde er nochmals vereidigt.

Genauso können Sie auch andere Geschichtsdaten mit bedeutsamen Ereignissen verbinden. Fangen Sie mit Ihrem Geburtsjahr an – recherchieren Sie im Netz, was in diesem Jahr so alles passiert ist. Und mit Sicherheit haben Sie noch andere Jahreszahlen im Kopf, die als persönliche Bezugspunkte herhalten können, zum Beispiel das Datum Ihres Geburtstags, das der Geburtstage Ihrer Eltern und Kinder, das Datum Ihres Hochzeitstags. All diese (Jahres-)Zahlen können Sie mit neuen Daten und Fakten verbinden. Da es um ein Verknüpfen von Zahlen geht, die mit Ihrer eigenen Biografie zu tun haben, sind Sie individuell aufgefordert, diese Methode anzuwenden. In einem Buch über Allgemeinwissen ist sie nur eingeschränkt vermittelbar.

3. Mathematik
Bei dieser Technik stehen rechnerische Spielereien im Vordergrund.

Manchmal bietet es sich an, sich Zahlen durch einfache mathematische Rechnungen einzuprägen. Zum Beispiel das Datum 10.10.1920: An diesem Tag im Jahr 1920 fand eine

Volksabstimmung in Südkärnten statt, um über die zukünftige staatliche Zugehörigkeit nach dem Ersten Weltkrieg zu entscheiden. Süd-Kärnten votierte damals für Österreich. Dies lässt sich leicht durch die kleine Rechnung 10 + 10 = 20 merken. Sie stellen aber sofort fest, dass auch diese Methode ihre Grenzen hat. Die Rechnungen würden in den meisten Fällen zu kompliziert und wären somit nicht mehr als Merkhilfe geeignet.

4. Matrix-Muster

Dahinter verbirgt sich ein Verfahren, das mit dem Zahlenmuster auf der Telefontastatur, des Geldautomaten oder Computers korrespondiert. In erster Linie bietet es sich für das Behalten von PIN-Nummern an. Eine Zahl wie 2147 bildet auf dem Nummernblock des Geldautomaten oder dem Nummernfeld einer Computertastatur ein leicht einprägbares Muster ab. Manchmal ergeben sich auch für Jahreszahlen, Telefonnummern und andere Zahlen solche einfachen Muster. Ergeben sich schwierigere Muster, sind diese eher verwirrend als einprägsam. Und damit ist auch dieses System wieder nur bedingt geeignet.

5. Zahlenbilder

Das ist eine Methode, eine Zahl in ein Bild umzuwandeln.

Die Ziffern von 1 bis 9 können Sie mit etwas Übung schnell in Zahlenbilder umwandeln, höhere Zahlen können durch kleine Geschichten mit der Kettenmethode verknüpft werden. Als Zahlenbilder eignen sich am besten solche, die sich aus der Aussprache der Zahl ergeben:

Ziffer	Zahlenbild
1	Formel-Eins-Wagen
2	Zwillinge
3	Dreirad
4	Vierblättriges Kleeblatt

Ziffer	Zahlenbild
5	5 Finger an einer Hand
6	6 Punkte auf einem Würfel
7	7 Zwerge
8	Achterbahn
9	Alle Neune beim Kegeln – Kegelbahn
0	Eine Niete/Los ohne Gewinn

Ein Beispiel:

Im Jahr 1945 warfen die Amerikaner Atombomben auf Japan ab.

Ich gehe davon aus, dass das Jahrhundert nicht das Problem ist, das ist bekannt, und man kann es sich einprägen. Also bleibt die Zahl 45, und diese können Sie sich so merken: »4« (= Kleeblatt) und »5« (= Hand mit fünf Fingern), wobei Sie beide Zahlenbilder mit einer kleinen Geschichte verbinden: Am Ort der Verwüstung pflanzen wir ein **Kleeblatt** (4) mit unserer **Hand** (5) = 45.

Für das Merken einiger Zahlen ist die Methode prima geeignet, weniger, wenn es um viele geht. Dann funktioniert sie nicht mehr, da man die Zahlenbilder mehrfach verwenden und es zu Verwechslungen kommen könnte. Für Sie ist die Technik dann sinnvoll, wenn Ihnen einige wenige Geschichtsdaten als Allgemeinbildung ausreichen und Sie die Zahlenbilder auch gern verwenden. Viel Spaß und Erfolg damit.

6. Major-System

Bei dieser Vorgehensweise werden Ziffern in Buchstaben umgewandelt und Bilder daraus geformt.

Das erscheint auf den ersten Blick umständlich und kompliziert. Es ist jedoch die beste Möglichkeit, um sich viele oder lange Zahlen zu merken. Fast alle Gedächtniskünstler, die im Fernsehen auftreten oder in Gedächtnis-Meisterschaften ihr Können unter Beweis stellen, verwenden genau diese Methode. Das Major-System wurde übrigens bereits im

17. Jahrhunderts von Stanislaus Mink von Wennsheim (Pseudonym für: Johann Just Winkelmann) erfunden und inzwischen in diversen Abwandlungen und mit verschiedenen Bezeichnungen veröffentlicht.

Da das System weitestgehend unbekannt ist, wirkt die Kombination von Zahlen, Buchstaben und Bildern wie eine Fremdsprache, die man zu lernen hat, oder wie ein Geheimcode. Insgesamt müssen Sie aber nur zehn Zuordnungen lernen. Die Ziffern von 0 bis 9 werden dabei in Buchstaben umgewandelt. Eine 2 ist beispielsweise = n. Eine 3 = m. Vokale (a, e, i, o, u) haben keine Bedeutung. Das Wort »man« steht demnach für die Zahl 32 (m = 3, a = ohne Bedeutung, n = 2). Manchen Ziffern sind mehrere Buchstaben zugeordnet, so ist 9 = b oder 9 = p.

Da ich viele Geschichtsdaten ausgesucht habe, entschied ich mich vorrangig für die Verwendung des Major-Systems. Wenn Sie mir bis hierhin gefolgt sind und die vielen, teilweise skurrilen Geschichten angenommen haben, befinden wir uns jetzt vor einer kleinen Hürde. Der Nachteil des Major-Systems besteht nämlich darin, dass Sie einige Minuten brauchen (vielleicht sogar eine halbe Stunde), um es zu durchdringen. Gehen Sie dazu so vor: Lernen Sie zuerst die Zuordnungen (siehe folgende Tabelle), und erst wenn Sie sich diese eingeprägt haben, lesen Sie weiter. Ansonsten wäre die Verwirrung zu groß. Doch ich kann versprechen: Beherrschen Sie die Methode, werden Sie eine Bereicherung erleben. Sie können sich dann Telefonnummern, Geschichtsdaten, PIN-Nummern und vieles mehr spielerisch und rasch einprägen. Wie bei einer neuen Fremdsprache werden Sie am Anfang erst langsam vorankommen, danach geht es jedoch immer schneller.

Zur Erleichterung des Lernens: Nehmen Sie zehn Karteikarten zur Hand und schreiben Sie auf jede eine Ziffer mit entsprechender Zuordnung. Zur noch größeren Vereinfachung habe ich den Zahlen einige Merkhilfen zugeordnet:

Ziffer	Konsonanten	Merkhilfe
0	S, Z, ss, ß	Zero beim Roulette. Geschrieben mit Z, gesprochen mit S.
1	T, D	Die 1 sieht ähnlich aus wie ein t. Das D klingt so ähnlich wie ein T.
2	N	Wenn Sie eine 2 nach links kippen, sieht es fast aus wie ein N.
3	M	Eine 3 nach links gekippt, sieht ähnlich aus wie ein M.
4	R	Der letzte Buchstabe der VieR.
5	L	Römisch 50 ist L.
6	SCH, CH, J	Die **sch**lechteste Note in der **Sch**ule ist die 6. Sechs schreibt man mit ch.
7	K, CK, G	Das Sieben**G**ebirge. K sieht aus wie aus zwei 7 erstellt.
8	F, V, W	Auf der **Ach**terbahn fährt ein **VW** und ein **F**ord.
9	b, p	Das Tankstellenschild mit BP b gedreht ergibt eine 9 p gespiegelt ergibt eine 9

Sitzt die Liste? Bitte wirklich erst weiterlesen, wenn die Zuordnungen der Zahlen zu den Buchstaben richtig gut in Ihrem Kopf eingeprägt ist. Es sind nur ein paar Minuten, die Sie benötigen, doch dann eröffnet sich Ihnen eine neue Welt. Und nicht eine der wichtigsten Regeln vergessen: Vokale (a, e, i, o, u) haben keinen Zahlenwert.

Einige Beispiele:

Wenn Sie die Zahl 14 mit dem Major-System in ein bildhaftes Wort umwandeln wollen, nehmen Sie für die 1 ein T oder ein D und für die 4 ein R. Es ergibt sich beispielsweise das Wort ToR. Möglich sind auch TüR, DeR, DiR, TeeR …

Die Zahl 15 setzt sich zusammen aus: 1 (= T oder D) und 5 (= L), daraus ergibt sich:

15 = Tal

Und bei der Zahl 16 existieren auch mehrere Möglichkeiten: 1 (= T/D) und 6 (CH/SCH/J), was beispielsweise folgende Begriffe zur Folge hat:

16 = Tisch, Tuch, Teich, Deich, Dusche, Tusche ...

Neben der Tatsache, dass in diesem Code Vokale keinen Zahlenwert haben, gibt es noch eine zweite wichtige Regel, und die lautet: Doppelbuchstaben zählen wie ein Buchstabe. Beispiele für Wörter mit Doppelbuchstaben:

2 = Anna
12 = Tanne
22 = Nonne
51 = Latte
51 = Lotto

Weitere Beispiele:

29 = Nabe
249 = Narbe
295 = Nabel
539 = Lampe, Lump, Limbo ...
1582 = Telefon, Delfin
4124 = Ordner
86472 = Fischerkahn
192127015 = Autobahntankstelle

Jetzt dürfte Ihnen auch klar geworden sein, wie sich jemand eine zwanzigstellige oder sogar eine hundertstellige Zahl merken kann: Es funktioniert mit dem Major-System und damit verbundenen Bildergeschichten. Und genau dieses System wenden wir an, um uns die wichtigsten Geschichtsdaten einzuprägen.

Die wichtigsten Ereignisse im 20. Jahrhundert

Das Newseum ist ein siebenstöckiges Museum in Washington, D. C., das dem Journalismus gewidmet ist. In verschiedenen Galerien geht es um die Titelseiten von Zeitschriften und Magazinen oder um Rede- und Pressefreiheit; auch das größte Stück der Berliner Mauer außerhalb Deutschlands wird dort ausgestellt. Anfang des 21. Jahrhunderts hat das Museum eine Umfrage unter Journalisten und Historikern durchgeführt, sie sollten nach eigener Einschätzung die wichtigsten Ereignisse im 20. Jahrhundert definieren.

Am Ende wurde eine Prioritätenliste erstellt, in der die Ereignisse also nicht chronologisch, sondern nach ihrer angenommenen Bedeutung geordnet wurden. Da das Museum ausschließlich Amerikaner befragte, sind die Ereignisse in ihrer Reihenfolge stark national geprägt. Russische Historiker und Journalisten hätten die Gründung der Volksrepublik China bestimmt stärker im Blick gehabt und einige US-Gesetzgebungen gar nicht, Briten wahrscheinlich die Unabhängigkeitsbewegungen ihrer Kolonien. Doch anhand der Liste können Sie sich das Zahlenmerken mit dem Major-System gut aneignen.

Selbst wenn Sie die Jahreszahlen nicht behalten können und nur die jeweiligen Ereignisse auf dieser Liste durchlesen, wird Ihr Allgemeinwissen größer. Bei den Themen, die Ihnen wichtig erscheinen – und nur die sollen Sie sich merken –, prägen Sie sich die Merkhilfe ein, und überprüfen Sie anschließend, ob Sie die korrekte Jahreszahl nennen können. Da alle hundert Ereignisse im 20. Jahrhundert liegen und somit sämtliche Zahlen mit 19 beginnen, habe ich die 19 bei den Merkhilfen weggelassen.

Ereignis	Merkhilfe	Jahreszahl
Die USA werfen Atombomben auf Hiroshima und Nagasaki ab: Mit Japans Kapitulation endet der Zweite Weltkrieg.	Eine Atombombe wird auf einer **Rolle** transportiert. Oder das **Areal** der Japaner wird getroffen.	1945
Der amerikanische Astronaut Neil Armstrong setzt als erster Mensch einen Fuß auf den Mond.	Auf dem Mond tritt der Astronaut auf eine **Schabe**.	1969
Japan greift Pearl Harbor an: Die USA treten in den Zweiten Weltkrieg ein.	Die Japaner greifen den **Ort** Pearl Harbor an.	1941
Wilbur und Orville Wright fliegen mit dem ersten motorisierten Flugzeug.	Ein motorisiertes Flugzeug zieht einen **Saum** hinter sich her.	1903
Die Frauen erhalten das Stimmrecht in den USA.	Frauen stimmen mit der **Nase** ab.	1920
US-Präsident John F. Kennedy wird in Dallas ermordet.	Bei der Ermordung von Kennedy ist ein **Schema** erkennbar.	1963
Das Ausmaß des Holocausts wird durch die Befreiung von Auschwitz sichtbar.	Auschwitz war **real**.	1945
Der Erste Weltkrieg beginnt.	Der Beginn des Ersten Weltkriegs war **teuer**.	1914
Das US-Verfassungsgericht beendet die Rassentrennung in den Schulen.	Die Schüler der unterschiedlichen Rassen gehen gemeinsam in die **Lehre**.	1954
Die Weltwirtschaftskrise beginnt mit dem Börsencrash in den USA.	Beim Börsencrash gingen die Kurse **hinab**.	1929
Der Schotte Alexander Fleming entdeckt das erste Antibiotikum (Penicillin).	Antibiotikum wird mit **Nivea** vermischt.	1928
Die DNA-Struktur wird erstmals beschrieben.	Die DNA von einem **Lama** wird untersucht.	1953
Zusammenbruch der Sowjetunion: Präsident Michail Gorbatschow tritt zurück, und Boris Jelzin übernimmt die Macht im Kreml.	Die Machtübernahme im Kreml verkündet ein **Bote**.	1991

Ereignis	Merkhilfe	Jahreszahl
US-Präsident Richard Nixon tritt infolge der Watergate-Affäre zurück.	Nixon geht zur **Kur**.	1974
Deutschland überfällt Polen: Der Zweite Weltkrieg beginnt.	Der Zweite Weltkrieg begann mit einem **Umbau**.	1939
Russische Oktoberrevolution	Die Russen stehen im Oktober an der **Theke**.	1917
Henry Ford führt die Fließbandproduktion in der Automobilindustrie ein.	Am Fließband von Ford steht ein **Team**.	1913
Die Sowjetunion schießt den ersten Satelliten (»Sputnik«) ins Weltall.	Auf dem Sputnik sieht man ein **Logo**.	1957
Albert Einstein präsentiert die Grundzüge seiner Relativitätstheorie.	Einstein hält in den Händen ein relativ langes **Seil**.	1905
Die amerikanische Gesundheitsbehörde lässt die Antibabypille zu.	Die Antibabypille hilft nicht gegen **Ischias**.	1960
Der Mediziner Jonas Salk entdeckt einen wirksamen Polio-Impfstoff gegen Kinderlähmung.	Kinderlähmung macht **lahm**.	1953
Adolf Hitler wird deutscher Reichskanzler.	Hitler schreibt ein **Memo**.	1933
Der Bürgerrechtler Martin Luther King wird in Memphis ermordet.	Martin Luther King steht auf einem **Schiff**.	1968
Die Landung der Alliierten in der Normandie leitet das Ende des Zweiten Weltkriegs ein.	Die Alliierten essen in der Normandie **Rührei**.	1944
Der HIV-Virus wird identifiziert – und damit die Immunschwäche Aids.	Das Virus ist nicht mit **Voodoo** zu bekämpfen.	1981
Der US-Kongress schafft die Rassentrennung ab.	Eine große **Schar** von Menschen ist gegen die Rassentrennung.	1964
Die Berliner Mauer fällt.	Ein **Vopo** sitzt auf der Mauer.	1989

Ereignis	Merkhilfe	Jahreszahl
Auf der New Yorker Weltausstellung wird das Fernsehen vorgestellt.	Um einen Fernseher herum steht der **Mob**.	1939
Mao Zedong ruft die Volksrepublik China aus. Die Nationalisten fliehen nach Taiwan.	Der Chinese Mao verspeist eine **Raupe**.	1949
Erster Atlantikflug durch Charles Lindbergh.	Beim ersten Atlantikflug wird **Honig** transportiert.	1927
Die ersten PCs gehen in die Massenproduktion.	Die ersten PCs aus der Massenproduktion sorgten für den richtigen **Kick**.	1977
Das World Wide Web revolutioniert das Internet.	Das World Wide Web war im **Aufbau**.	1989
Der Transistor wird erfunden.	Der Transistor wurde in einer **Harfe** verbaut.	1948
US-Präsident Franklin D. Roosevelt startet den »New Deal« gegen die Wirtschaftskrise.	Gegen die Wirtschaftskrise wehrt sich eine **Mumie**.	1933
Die kubanische Raketenkrise bringt die Supermächte USA und UdSSR an den Rand des Dritten Weltkriegs.	Eine kubanische Rakete steht abschussbereit in einer **Scheune**.	1962
Die als »unsinkbar« bezeichnete Titanic geht unter.	Gegen den Untergang der Titanic konnte man nichts **tun**.	1912
Kapitulation von Deutschland im Zweiten Weltkrieg	Vor der Kapitulation Deutschlands im Zweiten Weltkrieg waren alle von der **Rolle**.	1945
Das US-Verfassungsgericht lässt Abtreibung zu.	Beim Thema Abtreibung fällt der Richter ins **Koma**.	1973
Erster Weltkrieg endet mit einer Niederlage Deutschlands.	Der Erste Weltkrieg endet mit einem **Tief**.	1918
Erste regelmäßige Radiosendungen beginnen in den USA.	Am Radio sitzt ein **Azubi**.	1909
Eine weltweite Grippe-Epidemie fordert zwanzig Millionen Menschenleben.	Eine Grippe-Epidemie ist wirklich **doof**.	1918

Ereignis	Merkhilfe	Jahreszahl
ENIAC ist der erste Computer der Welt.	Der erste Computer ist nur für **Reiche**.	1946
Regelmäßige Fernsehsendungen in den USA	Bei den ersten Fernsehsendungen sehen alle **Rot**.	1941
Jackie Robinson wird erster schwarzer Baseball-Profi in den USA.	Der schwarze Baseball-Profi spielt im **Rock**.	1947
Der Staat Israel wird gegründet.	Der Staat Israel wird gegründet – mit einem **Ruf**.	1948
Erfindung von Plastik	Aus Plastik ist das **Sieb**.	1909
Montgomery, Alabama: Bus-Boykott, nachdem Rosa Parks sich weigerte, ihren Sitzplatz einem Weißen zu überlassen.	Im Bus sitzt Rosa Parks mit einer **Lilie**.	1955
Atombombentest in New Mexico	In New Mexico liegt eine Atombombe an einer **Erle**.	1945
Das Ende der Apartheid in Südafrika	Ein aparter **Puma** schleicht durch Südafrika.	1993
Bürgerrechtsmarsch in den USA, auf dem Martin Luther King seine programmatische Rede hält: »Ich habe einen Traum.«	Bei der Rede Martin Luther Kings stimmte die **Chemie**.	1963
Amerikanische Wissenschaftler lassen den Computer-Chip patentieren.	Der Computer-Chip wird unter der **Lupe** angeschaut.	1959
Der italienische Forscher Guglielmo Marconi sendet das erste Funksignal über den Atlantik.	Es wurde **Zeit** für das erste Funksignal.	1901
Sexskandal im Weißen Haus führt zum Amtsenthebungsverfahren gegen Präsident Bill Clinton.	Über den Sexskandal von Präsident Bill Clinton dachten viele: **Pfui**!	1998
Der US-Außenminister George Marshall stellt sein Programm für den Wiederaufbau Europas vor (Marshall-Plan).	Für den Marshall-Plan gab es am Anfang eine **Rüge**.	1947

Ereignis	Merkhilfe	Jahreszahl
Der US-Präsidentschaftskandidat Robert Kennedy wird in Kalifornien ermordet.	Da ging richtig was **schief**.	1968
Der US-Senat lehnt den Friedensvertrag von Versailles ab; der Völkerbund ist zum Scheitern verurteilt.	Da rümpfte man die **Nase**.	1920
Das Buch Silent Spring der Biologin Rachel Carsons löst eine weltweite Umweltbewegung aus.	Das war eine **schöne** Idee.	1962
Die Beatles erobern Amerika im Sturm.	Die Beatles schneiden sich die Haare mit der **Schere**.	1964
Der US-Kongress verabschiedet ein Gesetz über ein Stimmrecht, mit dem Möglichkeiten zur Unterdrückung von Minderheitsvoten abgeschafft werden.	Das war **schlau**.	1965
Der sowjetische Kosmonaut Juri Gagarin ist der erste Mensch im Weltraum.	Juri Gagarin **huscht** durch den Weltraum.	1961
Premierenflug des ersten Düsenflugzeugs.	Das erste Düsenflugzeug fliegt die richtige **Route**.	1941
Die USA treten in den Vietnamkrieg ein.	Die Vietnamesen tragen im Krieg einen **Schal**.	1965
Nordvietnamesische Truppen erobern Saigon.	Die Truppen bekommen dafür **Kohle**.	1975
Beim »Manhattan-Projekt« wird mit der geheimen Arbeit an einer Atombombe begonnen: Der italienische Kernphysiker Enrico Fermi löst die erste atomare Kettenreaktion aus.	Die erste atomare Kettenreaktion hinterlässt nur eine **Ruine**.	1942
Der US-Kongress verabschiedet ein Gesetz zur Unterstützung von Kriegsveteranen.	Die Kriegsveteranen gehen einkaufen bei **REAL**.	1945
Alan Shepard ist der erste Amerikaner im All.	Alan Shepard verspeist im All eine **Schote**.	1961

Ereignis	Merkhilfe	Jahreszahl
Die Watergate-Affäre erschüttert die Nixon-Regierung.	Die Watergate-Affäre war lange Zeit **geheim**.	1973
Ein Erdbeben zerstört San Francisco.	Bei dieser Zerstörung brach eine **Seuche** aus.	1906
Gründung der Vereinten Nationen	Die Vereinten Nationen wurden unterstützt von **ARAL**.	1945
Bau der Berliner Mauer	Der Bau der Berliner Mauer war mehr als **schade**!	1961
Mahatma Gandhi übernimmt die Führung der gewaltfreien Bewegung in Indien.	Gandhi isst in Indien **Anis**.	1920
Standard Oil hat gegen das Kartellgesetz verstoßen und verliert eine Klage; Rückschlag für Monopole.	Standard Oil liefert seine Produkte in einer **Tüte**.	1911
Die letzten amerikanischen Truppen verlassen Vietnam.	Es bleibt **kaum** einer zurück.	1973
Gründung der NATO	Bei der Gründung der NATO tragen alle eine **Robe**.	1949
Josef Stalin beginnt die gewaltsame Modernisierung der Sowjetunion. Bei Hungersnöten kommen fünfundzwanzig Millionen Menschen ums Leben.	Die Vorgehensweise zur gewaltsamen Modernisierung hatte kein **Niveau**.	1928
Demokrat Franklin D. Roosevelt schlägt den amtierenden Präsidenten Herbert Hoover.	Das war für Hoover ein schlechtes **Omen**.	1932
Michail Gorbatschow wird Generalsekretär der KPdSU; es beginnt die Ära von Glasnost und Perestroika.	Das war aufregend für **viele**.	1985
Der deutsche Physiker Max Planck legt die Quantentheorie der Energie vor.	Die Quanten machen eine **Sause**.	1900
Wissenschaftler in Großbritannien klonen ein Schaf.	Das geklonte Schaf verliebt sich in einen **Bock**.	1997

Ereignis	Merkhilfe	Jahreszahl
Der US-Kongress verabschiedet ein Gesetz über den Bau von Fernstraßen.	In der Fernstraße befindet sich ein großes **Loch**.	1956
Der Panamakanal eröffnet eine Verbindung zwischen dem Atlantik und dem Pazifik.	Im Panamakanal öffnet sich eine **Tür**.	1914
Betty Friedans Buch ›The Feminine Mystique‹ begründet die moderne Frauenrechtsbewegung.	Weg mit der **Scham**!	1963
Das Space Shuttle »Challenger« explodiert kurz nach dem Start in Cape Canaveral.	Am Space Shuttle klebte ein **Fisch**.	1986
Die USA entsenden Truppen zur Unterstützung Südkoreas.	Die Truppen sind ausgestattet mit einem **Lasso**.	1950
Beim Parteitag der Demokraten in Chicago brechen Unruhen aus.	Das hatte der **Chef** nicht im Griff.	1968
Der Wiener Analytiker Sigmund Freud veröffentlicht sein Buch über die Traumdeutung.	**Süße** Träume!	1900
China führt das Programm für den »Großen Sprung nach vorne« ein. Etwa zwanzig Millionen Menschen verhungern.	Da riefen viele nach **Hilfe**.	1958
Die USA treten in den Ersten Weltkrieg ein.	Das war der **Tag** der Entscheidung.	1917
Babe Ruth erreicht sechzig Home Runs beim Baseball in einer Saison; den Rekord hält er vierunddreißig Jahre.	Babe Ruth hatte dabei einen **Nicki** an.	1927
John Glenn umrundet als erster Amerikaner die Erde.	Die Umrundung der Erde auf einer **Schiene**.	1962
Nordvietnamesische Schnellboote sollen US-Schiffe im Golf von Tonkin angegriffen haben.	Entscheiden kann das nur der **Schiri**.	1964
Die Mars-Sonde »Pathfinder« landet auf dem Planeten und funkt Bilder zur Erde.	Das erste Bild war das Bild einer **Pauke**.	1997

Ereignis	Merkhilfe	Jahreszahl
Pogromnacht – organisierte Gewaltmaßnahmen gegen Juden	In der Pogromnacht flüchtete jemand auf einem **Mofa**.	1938
Winston Churchill soll britischer Premierminister werden.	Churchill war ein **Riese**.	1940
Louise Brown wird als erstes Retortenbaby gesund geboren.	Das Baby war freigegeben zum **Kauf**.	1978
Sowjetische Blockade von West-Berlin: Alliierte reagieren mit einer Luftbrücke.	Der **Ruf** nach der Luftbrücke	1948
Bill Gates und Paul Allen gründen Microsoft.	Die Gründung von Microsoft war einfach nur **geil**.	1975
Eine Explosion im russischen Atomkraftwerk Tschernobyl führt zum Tod von rund 7000 Menschen.	Da konnten noch nicht einmal **Fische** überleben.	1986
Gerichtsverfahren gegen den Lehrer John Scopes, der gegen das Verbot der Evolutionstheorie im Schulunterricht protestierte.	Die Schöpfungsgeschichte begann am **Nil**.	1925
Die US-Gesundheitsbehörde warnt vor den gesundheitlichen Risiken durch Rauchen.	Beim Rauchen geht ein **Schauer** durch den Körper.	1964

Konnten Sie sich die Geschichten und auch die Daten einprägen? Bei dieser Methode ist es wichtig, dass Sie die nächsten Tage die Zuordnungen mehrmals überprüfen, damit das Codieren wie auch das De-Codieren möglichst schnell erfolgen.

Noch mehr relevante Geschichtsdaten

Neben der TOP-100-Liste der amerikanischen Journalisten und Historiker sind aber noch andere geschichtliche Daten von Belang. In diesem Abschnitt wurden einige ausgewählt, die für Deutschland relevant waren und/oder das Weltgeschehen beeinflusst haben. Zusätzlich erfahren Sie ein paar grundlegende Fakten, angefangen mit der Altsteinzeit. Ziel des Kapitels ist, dass Sie die Jahreszahlen zu den bedeutsamen Ereignissen nennen können.

Als Auslöser dient jeweils das historische Geschehen, die Merkhilfe führt zur entsprechenden Jahreszahl, manchmal auch zum genauen Datum.

Ereignis	**Merkhilfe**	**Jahreszahl**
Altsteinzeit	Ein **alter Stein** (Ereignis) liegt am Nil (25), und der kommt in eine **Vase** in die **Soße** (8000).	2,5 Mio. bis 8000 v. Chr.
Jungsteinzeit	Ein **Junge** sitzt auf einem **Stein** (Ereignis) und isst die **Nuss-Soße** (6000).	Ab 6000 v. Chr.
Bronzezeit	Mit einer **Bronzescheibe** (Ereignis) morsen die **Ahnen SOS**. (2200) – etwas sehr **Weises** (800).	Ca. 2000 bis 800 v. Chr.
Eisenzeit	Aus **Eisen** (Ereignis) ist das **Fass** am **See** (800).	Ab ca. 800 v. Chr.
Zeitalter der ägyptischen Hochkultur, Bau der Cheops-Pyramide	An der Cheops-Pyramide (Ereignis) gibt es **Nil-Soße** (2500).	Ca. 2500 v. Chr.
Die ersten Olympischen Spiele in der Antike	Bei den **Olympischen Spielen** (Ereignis) gibt es viel **Gekeuche** (776).	776 v. Chr.
Im Stadtstaat Athen entsteht die erste Demokratie.	In **Athen** wird **demokratisch** gewählt (Ereignis) von **Ladies** (510).	510 v. Chr.
Die Gründung von Rom (laut Sage)	In **Rom** herrscht bei der **Gründung** (Ereignis) ein angenehmes **Klima** (753).	753 v. Chr.
Das Christentum wird Staatsreligion im Römischen Reich.	Die **Christen im Römischen Reich** (Ereignis) verteidigen sich gegen **Mafiosi** (380).	380 n. Chr.
Mohammed verlässt mit seinen Anhängern Mekka und lässt sich in Medina nieder; Beginn des Islam.	Der **Islam beginnt** (Ereignis) zu **scheinen** (622).	622 n. Chr.

Ereignis	Merkhilfe	Jahreszahl
Kaiserkrönung Karls des Großen in Rom	Der **Kaiser** hat die **Krone** auf (Ereignis) und neben sich eine **Fee** – eine **Süße** (800).	800 n. Chr.
Erfindung des Buchdrucks durch Johannes Gutenberg	Das **Buch** wird **gedruckt** (Ereignis), und innen verbergen sich **Tierläuse** (1450).	1450
Entdeckung Amerikas durch Kolumbus	**Kolumbus** schaut auf **Amerika** (Ereignis) und sieht eine **Turbine** (1492).	1492
Erste Weltumsegelung durch den Portugiesen Ferdinand Magellan	Die **Erde** wird **umsegelt** (Ereignis) – das ist **toll** (15) mit einer **Taube** (19) von einer **Nonne** (22).	1519 bis 1522
Martin Luthers 95 Thesen; Einleitung der Reformation in Deutschland	Die **95 Thesen** (Ereignis) werden im **Tal** auf eine **Decke** (1517) geschrieben.	1517
Dreißigjähriger Krieg	Bis wann dauerte der **Dreißigjährige Krieg** (Ereignis), ab Erreichen der **Tauchtiefe** (1618) + 30 (1648)	1618 bis 1648
Ludwig XIV. von Frankreich (der »Sonnenkönig«); erster absolutistischer Herrscher in Europa	**Ludwig der XIV.** (Ereignis) hatte eine dünne **Hautschicht** (1661) und eine **dicke Töle** (1715).	1661 bis 1715
Friedrich II. (Friedrich der Große) von Preußen; Repräsentant des aufgeklärten Absolutismus	**Friedrich der II.** hatte **absolut** (Ereignis) die falsche **Hutgröße** (1740) – und sah damit aus wie ein **Dick-Fisch** (1786).	1740 bis 1786
Beginn des Industriezeitalters mit der Erfindung der Dampfmaschine durch den Schotten James Watt	An der **Dampfmaschine** (Ereignis) rotiert eine **Deckscheibe** (1769).	1769
Unabhängigkeitserklärung der USA	Da macht er sich **unabhängig** in den **USA** (Ereignis) – der **dicke Koch** (1776).	1776
Beginn der Französischen Revolution	Die **Französische Revolution beginnt** (Ereignis) mit einem **Dreizack** (14. 07.) – an einem **Dock** im **Aufbau** (1789).	14. 07. 1789

Ereignis	Merkhilfe	Jahreszahl
Niederlage Napoleons bei Waterloo	**Napoleon legt** sich **nieder** (Ereignis) und reibt sich mit **Duftöl** (1815) ein.	1815
Wiener Kongress	In Wien beginnt ein Kongress (Ereignis) **devoter** (1814) und dauert **ein Jahr** (1814 + ein Jahr = 1815).	1814 bis 1815
Sezessionskrieg (amerikanischer Bürgerkrieg)	Die **Bürger** in **Amerika bekriegen** sich (Ereignis) zuerst **taufeucht** (1861), und am Ende war alles **doof** und **schal** (1865).	1861 bis 1865
Erster Weltkrieg	Der **Erste Weltkrieg** (Ereignis) war keine **Utopie** und auch nicht **heiter** (1914) – also **Top-Doof** (1918).	1914 bis 1918
Nationalsozialistische Diktatur in Deutschland	Die **Nationalsozialisten** (Ereignis) bekamen einen **Tipp** von einer **Mumie** (1933) in einer **Tipper-Höhle** (1945).	1933 bis 1945
Zweiter Weltkrieg	Der **Zweite Weltkrieg** begann an einem **Teebaum**, an dem ein **Opa** stand (1939) im fremden **Areal** (45).	1939 bis 1945
Bedingungslose Kapitulation Deutschlands	Bei der **bedingungslosen Kapitulation Deutschlands** (Ereignis) wurde ein besonderes **Sofa** mit einem **Seil** (08.05.) geschützt, auf dem ein **Tauber** mit einer **Eule** (1945) saß.	08.05.1945
Die Gründung der UNO	**UNO** (Ereignis) steht auf einer **Tube**, die in einer **Rille** (1945) liegt.	1945
Verkündung des Grundgesetzes und Gründung der Bundesrepublik Deutschland	**Grundgesetz** und **BRD** (Ereignis) stehen als **Name** an einer **Säule** (23.05.) – darauf wirbt auch ein **Autobauer** für seine **Hupe** (1949).	23.05.1949
Der Volksrat tritt in Ostberlin zusammen; Gründung der DDR	Bei der **Gründung** der **DDR** (Ereignis) bekommt eine **Hauskatze** (07.10.) wegen **Toberei Hiebe** (1949).	07.10.1949

Ereignis	Merkhilfe	Jahreszahl
Die Gründung der EWG, der Europäischen Wirtschaftsgemeinschaft (Belgien, Bundesrepublik, Frankreich, Italien, Luxemburg und die Niederlande)	Die **Gründung** der **EWG** (Ereignis) ist **unheilsam** (25. 03.) – die Staaten haben aber eine **Top-Lage** (1957).	25. 03. 1957
Bau der Berliner Mauer	Die **Berliner Mauer** wird **gebaut** (Ereignis) von einem **Team** im **Suff** (13. 08.) – und alles **schaut** zu (61).	13. 08. 1961
Freie Ausreise für DDR-Bürger (Öffnung der Berliner Mauer)	Dass die **Ausreise** aus der **DDR** (Ereignis) so lange dauerte, **spottet** (09. 11.) jeder Beschreibung – den **VOPO** (Volkspolizist) (89) gibt es nicht mehr.	09. 11. 1989
Deutsche Einheit	Bei der **Deutschen Einheit** (Ereignis) tragen alle eine **Samthose** (03. 10.) im **Bus** (90).	03. 10. 1990
Ende der UdSSR, der Sowjetunion; Michael Gorbatschow gibt sein Amt als Präsident ab; Beginn der Russischen Föderation	Das **Ende** der **Sowjetunion** (Ereignis) musste man **einleiten** (25. 12.) mit einer **Bitte** (91).	25. 12. 1991
Vertrag über die Europäische Union (EU); auch Vertrag von Maastricht genannt	Bei der **Gründung** der **EU** (Ereignis) hatten die **Ski-Hasen** (07. 02) schöne **Beine** (92).	07. 02. 1992
Anschlag auf das World Trade Center (WTC)	Beim **Anschlag** auf das **WTC** (Ereignis) trieb ein **Autodieb** (11. 09.) seine **Unsitte** (2001).	11. 09. 2001
Einführung des Euro als Papiergeld	Der **Euro** als **Papiergeld** (Ereignis) wurde bei einem **Sehtest** (01. 01.) eingesetzt, bei dem man einen Optiker **hinzuziehen** (2002) musste.	01. 01. 2002

Haben Sie sich die Daten und Fakten herausgesucht, die Ihnen wichtig sind? Und gemerkt? Bitte denken Sie an die Wiederholung, damit die neuen Informationen in Ihr Langzeitgedächtnis gelangen. Die Merkhilfen verschwinden nach und nach, übrig bleiben die reinen Fakten.

Wissenswertes über den Menschen

Hinter den historischen Ereignissen stehen Menschen, und auch über sie gibt es einige Zahlen und Fakten, die nicht minder interessant und verblüffend sind – nur sind sie in diesem Fall nie so präzise zu bestimmen wie bei einem konkreten Geschehen.

Das jeweilige inhaltliche Wissen gilt als Auslöser, und die damit verbundene (meist ungefähre) Zahl wird mit der bewährten Methode in ein Merkwort umgewandelt. Eingebettet in eine kleine Handlung ergibt sich daraus die Merkgeschichte. Mir ist klar, dass die Technik am Anfang noch gewöhnungsbedürftig ist und erst mit einigem Training an Schnelligkeit gewinnt. Doch zum Schluss beherrschen Sie eine Art Geheimcode, um sich gut Zahlen einprägen zu können.

Auslöser	Merkhilfe	Zahl
Oberfläche des Menschen	Die **Oberfläche des Menschen** (Auslöser) darf **nie** (2) ganz bedeckt sein, kein **Quadratmeter**.	Ca. 2 Quadratmeter
Länge des Dünndarms	Der **dünne Darm** (Auslöser) wird **meter**weise **heil** (5) gemacht.	Ca. 5 Meter
Liter Blut	Das **Blut** (Auslöser) kam **liter**weise von einer **Kuh** (7).	Um 7 Liter
Körperfett	Das **Fett** (Auslöser) wird in der **Hocke** (7) in **Kilo** gewogen.	Ca. 7 Kilogramm
Volumen der Lunge	Das **Lungenvolumen** (Auslöser) misst man rund um die **Uhr** (4) in **Litern**.	Ca. 4 Liter

Auslöser	Merkhilfe	Zahl
Die Anzahl der Nervenzellen	Manchen Menschen geht es auf die **Nerven** (Auslöser), wenn man ihnen auf die **Füße** (80) tritt – besonders beim **Tanz** (120) – **milliarden**mal ist zu viel.	80 bis 120 Milliarden
Anzahl der Chromosomen	Konnten sich alle **Chromosomen** (Auslöser) eigentlich auf die **Arche** (46) retten?	46 Chromosomen
Anzahl der Knochen	Bei zu vielen Knochen (Auslöser) werden alle Sachen aus den **Nähten** (212) platzen.	Ca. 212 Knochen
Gewicht der Knochen	Wiegt man die **Knochen** (Auslöser) in **Kilo**, dann braucht man für den Transport entsprechende **Autos** (10).	10 Kilogramm
Anzahl der Muskeln	Alle **Muskeln** (Auslöser) kann man nicht mit **Shampoo** (639) waschen.	639 Muskeln
Gewicht der Muskeln	Wenn man **Muskeln wiegt** (Auslöser), wird die **Nase** (20) in **Kilo**s gewogen.	20 Kilogramm
Die tägliche Schweißmenge	Die **tägliche Schweißmenge** (Auslöser) des **Fußes** (800) wird in **Milliliter** gemessen.	800 Milliliter
Pumpleistung des Herzens	Eine **Pumpe mit Herz** (Auslöser) fördert **Öl** (5), pro Stunde einige **Liter**.	5 Liter pro Stunde
Anzahl der Riechzellen	Das **rieche** ich mit jeder **Zelle** (Auslöser), **dass** (10) **Millionen** versteckt wurden.	10 Millionen
Anzahl der Sehzellen	Ich **sehe** in der **Zelle** (Auslöser) **Damen** (132) sitzen, die **Millionen** verdienen.	132 Millionen
Anzahl der Augenaufschläge im Leben	Meine **Augenaufschläge** sind in meinem **Leben** (Auslöser) ein festes **Ritual** (415), weil ich damit **Millionen** verdiene.	415 Millionen

Nochmals: Alle Daten sind aufgerundet und beziehen sich auf einen durchschnittlichen Menschen mit siebzig Kilogramm Körpergewicht.

Wann wurde welches Land Fußball-Weltmeister?

Fußballfans in meinen Seminaren haben immer wieder gewünscht, dass die Fußball-Weltmeister in das Buch kommen. Ich hoffe, dass sich jetzt nicht alle von Ihnen, die sich für andere Sportarten begeistern, benachteiligt fühlen. Aber Fußball ist in Deutschland nun einmal der Massensport Nummer eins.

In der folgenden Tabelle finden Sie die Jahreszahl (nur die letzten beiden Ziffern) als Auslöser. Durch die Merkhilfe gelangen Sie zum jeweiligen Weltmeister.

Jahr	Merkhilfe	Fußball-Weltmeister
1930	Die **Maus** (30) macht den **Uhu geil** (Uruguay).	Uruguay
1934	Am **Meer** (34) sitzt ein **Italiener** und isst **Spaghetti** (Italien).	Italien
1938	Die **Mafia** (38) gibt es in **Italien** (Italien).	Italien
1942	Kein Ball **rein** (42) (keine WM).	Keine WM
1946	Die Weltmeisterschaft geht in **Rauch** (46) auf (keine WM).	Keine WM
1950	Mit dem **Lasso** (50) wird der **Uhu**, der **geil** (Uruguay) ist, gefangen.	Uruguay
1954	An einer **Leier** (54) ist die **deutsche Flagge** (Deutschland) angebracht.	Deutschland
1958	In der **Lava** (58) tanzen die **brasilianischen Tänzerinnen** (Brasilien).	Brasilien
1962	**Schön** (62) sehen sie aus, die **brasilianischen Tänzerinnen** (Brasilien).	Brasilien
1966	Beim **Schach** (66) wird es **eng** (England).	England
1970	An der **Kasse** (70) arbeiten die **brasilianischen Tänzerinnen**. (Brasilien).	Brasilien
1974	An der **Karre** (74) ist die **deutsche Flagge** angebracht (Bundesrepublik Deutschland).	Bundesrepublik Deutschland
1978	Da **kauf** (78) ich **ein argentinisches Rumpsteak** (Argentinien).	Argentinien

Jahr	Merkhilfe	Fußball-Weltmeister
1982	Der **Fan** (82) steht auf **italienische Spaghetti** (Italien).	Italien
1986	**Fisch** (86) zum **argentinischen Rumpsteak** (Argentinien).	Argentinien
1990	Am **Bus** (90) ist die **deutsche Flagge** (Deutschland) angebracht.	Deutschland
1994	Der **Bär** (94) tanzt mit bei den **brasilianischen Tänzerinnen** (Brasilien).	Brasilien
1998	Den besten **Puff** (98) gibt es in **Paris** in **Frankreich** (Frankreich).	Frankreich
2002	In der **Sonne** (02) tanzen die **brasilianischen Tänzerinnen** (Brasilien).	Brasilien
2006	**Zisch** (06), und der **Vino** aus **Italien** war ausgetrunken (Italien).	Italien
2010	Eine **Dose** (10) wird in der **spanischen Arena** vom **Stier** (Spanien) aufgespießt.	Spanien

Und für die Sportenthusiasten sind nachfolgend noch die WM-Titel nach den erfolgreichsten Ländern geordnet. Das Land dient als Auslöser, und die Kette führt zu den jeweiligen Jahren, in denen die Fußballer den Titel geholt haben.

Fußball-Weltmeister	Merkhilfe	Jahr
Brasilien	Die **tanzenden Brasilianerinnen** (Brasilien) bewegen sich in der **Lava** (58) **schön** (62) – sie bekommen einen **Kuss** (70) vom **Bär** (94) direkt in der **Sonne** (02).	1958, 1962, 1970, 1994, 2002
Italien	**Italienische Spaghetti** (Italien) werden am **Meer** (34) auf dem **Mofa** (38) sitzend von einem **Fan** (82) mit einem **Zisch**-Laut (06) verspeist.	1934, 1938, 1982, 2006
Deutschland	Die **deutsche Flagge** (Deutschland) wurde an einer **Leier** (54) und einer **Karre** (74) befestigt, gegen die ein **Bus** (90) fährt.	1954, 1974, 1990

Fußball-Weltmeister	Merkhilfe	Jahr
Argentinien	Das **argentinische Rumpsteak** (Argentinien) schmeckt gut mit **Kaffee** (78) und **Fisch** (86).	1978, 1986
Uruguay	Der **Uhu** ist **geil** (Uruguay) auf die **Maus** (30) und fängt sie mit einem **Lasso** (50) ein.	1930, 1950
England	Es wird **eng** (England) beim **Schach** (66).	1966
Frankreich	In **Paris** in **Frankreich** (Frankreich) gibt es einen **Puff** (98).	1998
Spanien	Die **spanischen Toreros** (Spanien) bewerfen den Stier mit einer **Dose** (10).	2010

Mit diesem Wissen gelten Sie durchaus als Fußball-WM-Experte.

Daten und Fakten über Tiere

Wissen Sie, dass der langlebigste Organismus ein Schwamm ist? Wahrscheinlich nicht. Aber er ist im Tierreich der absolute Oldie. Neugierig geworden? Mit einigen bemerkens- und merkenswerten Zahlen aus der Tierwelt können Sie in den nächsten Abschnitten Ihr Unwissen rasch beenden.

Super-Methusalems: die langlebigsten Tiere

Platz eins der Ältestenliste in der Tierwelt hat ja, wie gesagt, ein Riesenschwamm gepachtet. Was sind aber die nächsten Senioren?

Tier	Merkhilfe	Alter
Antarktischer Schwamm Scolymastra joubini	Mit einem Schwamm waschen sich **Tussis** (100) mindestens **tausendmal** (x 1000).	Ca. 100 000 Jahre

Tier	Merkhilfe	Alter
Galápagos-Schildkröte	Auf der galoppierenden Schildkröte reitet der kleine **Nils** (250).	Bis zu 250 Jahre
Grönlandwal	Der grölende Wal ist ein unbequemer **Insasse** (200).	200 Jahre
Stör	Da stört den Stör jemand in der **Hotelhalle** (155).	155 Jahre
Flussperlmuschel	Am Fluss liegt eine Perle in der Muschel, und die kommt in eine **Teedose** (110).	110 Jahre
Hummer	Der kranke Hummer bekommt eine **Dosis** (100) Medizin verabreicht.	100 Jahre
Kolkrabe	Da kokelt der Rabe den **Bus** (90) an.	90 Jahre
Elefant	Der Elefant trinkt **Kaffee** (78).	78 Jahre
Schimpanse	Der Schimpanse erklimmt ein **Hochhaus** (60).	60 Jahre

Gepard, Gazelle & Co. – Tiere und ihre Geschwindigkeiten

Es ist schon erstaunlich, wie schnell manche Tiere sind. Und Sie werden immer schneller im Einprägen!

Tierart	Merkhilfe	Maximale Laufgeschwindigkeit (km/h)
Gepard	Da geht der Gepard sehr schnell zu seiner **Teetasse** (110).	110
Hirschziegenantilope	Die Hirschziegenantilope tankt nur **Diesel** (105).	105
Gabelbock (Pronghorn)	Die Gabel hat der Bock dabei, er freut sich auf den ersten **Biss** (90).	90
Thomson-Gazelle	Dumm, so eine Gazelle, wenn sie so **fett** (81) ist.	81
Rentier	Da rennt das Rentier gegen ein **Fass** (80).	80
Damhirsch	Der damenhafte Damhirsch kann richtig **fies** (80) werden.	80

Tierart	Merkhilfe	Maximale Laufge-schwindigkeit (km/h)
Rothirsch	Der Rothirsch hat rote **Augen** (72).	72
Feldhase	Der Feldhase flitzt um alle **Ecken** (72).	72
Oryx	Im Ohr hat der Oryx **Kies** (70).	70
Pferd	Das Pferd frisst **Käse** (70).	70
Hund	Der Hund sieht **schick** (67) aus.	67
Wolf	Beim bösen Wolf überkommt mich ein **Schauer** (64).	64
Reh	Das Reh hört schon die **Schüsse** (60).	60
Pferde-antilope	Die Pferdeantilope stolpert über ein **Loch** (56).	56
Bison	Das Bison hat eine fürchterliche **Lache** (56).	56
Elch	Dieser Elch ist eine **Lusche** (56).	56
Kaninchen	Das Kaninchen schnuppert an einer **Leiche** (56).	56
Wildschwein	Das Wildschwein ist **lila** (55) gefärbt.	55
Giraffe	Eine Giraffe kann man schwer mit einem **Lasso** (50) einfangen.	50
Fuchs	Als Fuchs zieht man manchmal das große **Los** (50).	50

Dickhäuter und andere Schwergewichtler

Bei manchen Tieren kann man froh sein, wenn sie einem nicht auf den Fuß treten. Bei Zahlen mit vielen Nullen wurden die Methoden kombiniert.

Tier	Merkhilfe	Gewicht (in kg)
Wal	Der Wal schwimmt um die **Hotels** (150) **tausendmal** (x 1000) herum.	bis 150 000
Elefant	Der Elefant hat **Schuhe** (6) an und ist ein **Tausendsassa** (x 1000).	6000
Nilpferd	Das Nilpferd wohnt am **Nil** (25) mit dem Künstler **Hundertwasser** (x 100) zusammen.	2500
Nashorn	Das Nashorn hat eine **Nase** (20) und kann damit **100-mal** (x 100) hintereinander niesen.	2000
Krokodil	Das Krokodil liegt im **Tal** (15) und kann bis **100** (x 100) zählen.	1500
Walross	Das Walross liebt **das Sushi** (1000).	1000
Eisbär	Der **Eisbär** mag gern **Wessis** (800).	800
Wisent	Das Wisent verursacht ein **Gesause** (700).	700
(Teufels-) Rochen	Der Teufelsrochen hörte nicht den Knall des **Schusses** (600).	600
Thunfisch	Der **Thunfisch** wohnt lieber im **Holzhaus** (500).	bis 500

Geografische Daten und Fakten

Auf die Achttausender

Die höchsten Berge haben Sie bereits kennengelernt (siehe S. 37 ff.) und sie sich vielleicht auch in der entsprechenden Kette gemerkt. Greifen Sie auf die schon bekannten Auslöser zurück, und merken Sie sich jetzt die Höhenangaben. Dazu werden die Namen in Auslöser umgewandelt, und durch die kleine Merkgeschichte gelangen Sie zur richtigen Höhe.

In den Fällen, in denen sich die Umwandlung in ein Wort angeboten hat (zum Beispiel »Fischtüte« für 8611), wurde dies gemacht. In den anderen Fällen wurden aus einer Zahl zwei Merkwörter gebildet (»Fiffi« und »Reif« für 8848).

Name	Merkhilfe	Höhe (in m)
Mount Everest	Auf dem **Mountainbike** (Auslöser) saß der Hund **Fiffi** mit einem **Reif** (8848).	8848
K2	Der Buchstabe **K** hat **zwei** Striche (Auslöser), die deutlich auf einer **Fischtüte** (8611) zu sehen sind.	8611
Kantsch	Eine **Kante** sieht man **schon** (Auslöser) **vielfach** (8586).	8586
Lhotse	**Der Lotse** (Auslöser) trägt eine **Felltasche** (8516).	8516
Makalu	Sie **mag Alu** (Auslöser) – die **Frosch-Oma** (8463).	8463
Cho Oyu	**Schon ein Gnu** (Auslöser) hat **feinste** (8201) Manieren.	8201
Dhaulagiri	**Das Tau lag hier** (Auslöser), und **Vati** bekam einen **Schock** (8167).	8167
Manaslu	**Der Mann ist ein Ass** (Auslöser) und bekommt ein **Foto** mit **Schumi** (8163).	8163
Nanga Parbat	Ein **Nager** und ein **Paar** liegen im **Bad** (Auslöser) und **fetten** sich mit **Öl** (8125) ein.	8125
Annapurna	**Anna** hält eine **Harpune** (Auslöser) mit dem **Fuß** und zielt auf eine **Pute** (8091).	8091
Hidden Peak	Auf **Hütten** sieht man ein angesprühtes **PIK** (Auslöser), da tritt jemand mit dem **Fuß** gegen, und schon ist alles **schief** (8068).	8068
Broad Peak	Das **Brot** in **PIK**-Form (Auslöser) ist **faserig** (8047).	8047
Shisha Pangma	»**Schisser**«, sagt der **Punk** zur **Ma** (Auslöser) – er ist eben **fies** und ein **Arsch** (8046).	8046
Gasherbrum II	Der **Gasherd** brummt zweimal (Auslöser), und daraufhin fällt die **Vase** in den **Müll** (8035).	8035

Die höchsten Punkte der sieben Erdteile

Die höchsten Punkte der einzelnen Kontinente haben Sie schon kennengelernt (siehe S. 35 ff.), und jetzt kommen auch hier die Höhenangaben hinzu.

Höchster Punkt	Merkhilfe	Höhe (m)
Kilimandscharo (Tansania; Afrika)	Da **killert** ein **Mann** den **Schah** (Auslöser) auf einer **Laufbahn** (5892).	5892
Vinson-Massiv (Antarktis)	Da ge**winnt** der **Sohn massiv** (Auslöser) beim **Lotto** und kauft sich eine **Rose** (5140).	5140
Mount Everest (Nepal/Tibet; Asien)	Auf dem **Mountain**bike (Auslöser) saß der Hund **Fiffi** mit einem **Reif** (8848).	8848
Puncak Jaya (Neuguinea; Australien/ Ozeanien)	Auf einer **bunten Jacke** steht **JaJa** (Auslöser), und zusätzlich abgebildet ist eine **Holzmaus** (5030).	5030
Mont Blanc (Frankreich; Europa)	Der **Mond** glänzt **blank** (Auslöser) auf ein **Riff**, auf dem eine **Seekuh** (4807) liegt.	4807
Mount McKinley (Alaska; Nordamerika)	Vom **Mund bis zum Kinn** (Auslöser) sieht alles sehr **achtbar** (6194) aus.	6194
Aconcagua (Argentinien; Südamerika)	Da kommt ein **Jaguar** (Auslöser) mit einer **Schuppe** und wird mit einem **Schuss** (6960) getroffen.	6960

Deutsche Berge

Bei den deutschen Bergen sollen Sie sich ebenfalls nicht die Chance entgehen lassen, die Höhenangaben mit der bisher angewandten Methode einzuprägen:

Deutsche Berge	Merkhilfe	Höhe (in m)
Zugspitze	Vorne am **Zug**, an der **Spitze** (Auslöser), schaut man **hinab** auf die **Schiene** (2962).	2962
Schneefernerkopf	**Schnee** befindet sich in der **Ferne** auf einem **Kopf** (Auslöser) – der wird mit einer **NIVEA-Kur** (2874) behandelt.	2874
Mittlere Wetterspitze	In der **Mitte** des Tages ist das **Wetter spitze** (Auslöser), und deshalb freut sich der **Nikolaus** (2750).	2750

Deutsche Berge	Merkhilfe	Höhe (in m)
Hochwanner	In einer **hohen Wanne** (Auslöser) liegt **ein Kurier** (2744).	2744
Mittlere Höllentalspitze	In der **mittleren Hölle** an der **Talspitze** (Auslöser) muss **ein Karma** (2743) abgetragen werden.	2743
Innere Höllentalspitze	Zur **inneren Hölle** an der **Talspitze** (Auslöser) zeigt **eine Karte** (2741).	2741
Äußere Höllentalspitze	Am **Äußeren** der **Hölle** an der **Talspitze** (Auslöser) steht **eine Gans** (2720).	2720
Watzmann, Mittelspitze	Einen **Witz** erzählt der **Mann**, der ist **mittelspitze** (Auslöser), und **neckt Oma** (2713).	2713
Watzmann, Südspitze	Er erzählt noch einen **Witz**, der **Mann**, das ist **spitze**, und der spielt im Süden (Auslöser), denn es geht um die **Nackten** (2712).	2712
Hochblassen	Durch **Hochblasen** (Auslöser) bekommt man **ein Ekzem** (2703) nicht geheilt.	2703

Große Städte aus aller Welt

Punkten können Sie, wenn Sie die Einwohnerzahlen der Millionenstädte dieser Erde im Kopf haben, auch wenn diese von Jahr zu Jahr wachsen. Bitte beachten Sie deshalb, dass die Angaben, je nach Quelle, unterschiedlich sind. Manche weichen sogar um mehrere Millionen Bewohner ab – deshalb habe ich sie gerundet. Die Zahlen beziehen sich auf die Städte und nicht auf die Metropole (Stadt plus Umlandgebiete).

Stadt	Merkhilfe	Einwohner (in Mio., gerundet)
Mexiko-Stadt	Ein **Mexikaner** ohne Sombrero (Auslöser) wird leicht **nass** (20).	20
Shanghai	Im **Schrank** liegt ein **Hai** (Auslöser), der ist **taub** (19).	19

Stadt	Merkhilfe	Einwohner (in Mio., gerundet)
Peking	Die **Peking**-Ente (Auslöser) kommt auf den **Tisch** (16).	16
Istanbul	**Ist ein Bulle** (Auslöser) auf **Tour** (14)?	14
Karatschi	**Karat**e auf **Ski** (Auslöser) funktioniert gut im **Team** (13).	13
Mumbai	**Mumm bei** (Auslöser) neuen **Ideen** (12).	12
Moskau	**Moos kaut** (Auslöser) der **Teenie** (12).	12
Delhi	Eine **Delle** (Auslöser) ist die **Tat** (11).	11
São Paulo	Da **sah** ich **Paul** (Auslöser) – er war **tot** (11).	11
Seoul	**Soul** (Auslöser) höre ich gern im **Teehaus** (10).	10

Nach Stadt und Land – die Länge deutscher Flüsse

Auch deutsche Flüsse hatten Sie sich schon eingeprägt (siehe S. 63 ff.), nun geht es darum, sich ihre Länge zu merken:

Fluss	Merkhilfe	Länge in Deutschland (in km)
Donau, mit Quellfluss Breg	Vom **Donner** (Auslöser) bekommt man leicht einen **Schreck** (647).	647
Rhein	Nicht rein ist der **Rhein** (Auslöser), sondern voller **Fischöl** (865).	865
Elbe	Mit dem **Ellenbogen** (Auslöser) kann man das **Genick** (727) brechen.	727
Oder	Die **Otter** (Auslöser) bauen am **Tag** den **Bau** (179).	179
Mosel	**Moos** (Auslöser) mag das **Einhorn** (242).	242
Main	**Mein** (Auslöser) **Öl** fließt durch die **Niere** (524).	524
Inn	**Innen** (Auslöser) gibt es eine **Untiefe** (218).	218

Fluss	Merkhilfe	Länge in Deutschland (in km)
Weser	**Wasser** (Auslöser) braucht man zum Kochen der **Klöße** (750).	750
Saale	Im **Saal** (Auslöser) wird **Radium** (413) aufgespürt.	413
Spree	Mit **Spray** (Auslöser) wird das **Mofa heil** (385).	385

Eine persönliche Bemerkung zum Schluss

Sie haben es geschafft. Super. Und Sie haben durchgehalten. Ich hoffe, dass Sie durch das Buch viel gelernt und sich nach und nach mit der Methode der Mnemotechnik angefreundet haben. Manche sind richtige Fans davon.

Haben Sie noch Lust auf weitere Merkhilfen oder einen Zahlenwortgenerator? Dann werden Sie hier fündig:

www.allgemeinwissen-merken.de

Vielleicht sind Sie so neugierig geworden, dass Sie in einen Vortrag oder in ein Seminar von mir kommen wollen. Bei den Veranstaltungen wird eifrig trainiert, und Sie werden über Ihre eigene Leistungsfähigkeit begeistert sein.

Sie können sich auch an mich wenden, wenn Sie etwas vermisst oder Anregungen für Verbesserungen haben. Ich freue mich über Ihr Feedback unter:

info@kuersteiner.de

Es war mir eine Freude, Ihr Allgemeinwissen erweitern zu dürfen.

Ihr
Peter Kürsteiner

Dank

An dieser Stelle möchte ich mich auch bei den Personen bedanken, die mich maßgeblich bei der Erstellung des Buchs unterstützt haben. Meine Frau Beate für die kreative Unterstützung, meine Assistentin Sabine Dilger für die wichtigen Korrekturen, Wilfried Possin, der mich vor rund zwanzig Jahren ausgebildet hat und bei den kreativen Geschichten mitwirkte. Sabine Cramer, die die Idee zu dem Buch hatte, Ulrike Gallwitz vom Piper Verlag und Regina Carstensen danke ich für die Anregungen, das Feedback und das genaue Lektorat.

Literatur und Internetadressen

Literatur

Allroundwissen. Das Trainingsbuch für Quizmillionäre. Gütersloh 2001

Doerry, Martin, Verbeet, Markus: *Wie gut ist Ihre Allgemeinbildung? Der große Spiegel-Wissenstest zum Mitmachen.* Köln 2011

Duden. Was jeder wissen muss. 100 000 Tatsachen der Allgemeinbildung. Mannheim 2011

Kürsteiner, Peter: *Gedächtnistraining.* Stuttgart 2011, 5. Aufl.

Schwanitz, Dietrich: *Bildung. Alles was man wissen muss.* München 2002

Zimmermann, Martin: *Allgemeinbildung. Das musst du wissen.* Würzburg 2011

Internetadressen

www.andinet.de/interessantes/tipps/merksaetze_und_eselsbruecken.php

2 Länder und Städte

http://de.wikipedia.org/wiki/Liste_der_Millionenst%C3%A4dte

www.pdwb.de/nd18.htm

www.stepmap.de/karte/die-10-groessten-laender-der-welt-1363

2 Gebirge und Berge

http://cms.deutschemittelgebirge.de/index.php/startseite mittelgebirge

www.bergfieber.de/weltberge/achttausender/achttausender_main.htm

www.allgemeinbildung.ch/fach=geo/Gebirgsketten_der_Welt_I_03a.htm

2 Flüsse und Seen
www.medienwerkstatt-online.de/lws_wissen/vorlagen/show card.php?id=6099

http://de.wikipedia.org/wiki/Liste_der_Fl%C3%BCsse_in_ Deutschland#Fl.C3.BCsse_mit_.C3.BCber_200_km_L.C3. A4nge

www.lernen-merken-erinnern.de/die-15-laengsten-fluesse-deutschlands-merken-projekt-deutschland/

4 Kultur
http://de.wikipedia.org/wiki/Olympische_G%C3%B6tter

www.nexusboard.net/sitemap/5750/die-einflussreichsten-schriftsteller-aller-zeiten-t297238/

www.grimmstories.com/de/grimm_maerchen/favorites

www.focus.de/kultur/medien/klassik-und150-top-30-die-klassik-besten_aid_198272.htm

www.kunst-wissen.net/weitere-malerei.html

http://de.wikipedia.org/wiki/Portal:Philosophie/Liste_wich tiger_philosophischer_Werke

www.germany.travel/de/staedte-kultur/top-100/top-100.html

Die wichtigsten Fremdwörter. Aus: www.duden.de
© Bibliographisches Institut GmbH, 2012

6 Die wichtigsten Ereignisse im 20. Jahrhundert
www.ta7.de/txt/listen/list0001.htm

6 Daten und Fakten über Tiere
http://1fachtiere.wordpress.com/2011/01/10/tiere-mit-der langsten-lebenserwartung/

Bildnachweis

Fotolia.com:
11138883 © fabiomax.com, S. 138 o.
39846870 © jgorzynik, S. 135
44800592 © davidlorente78, S. 138 u.
30813091 © Cmon, S. 137
1104932 © sw_pix, S. 140
25436350 © Lukas Hlavac, S. 136
44896288 © vetal1983, S. 139 o.
43469561 © Jan-Dirk, S. 139 u.
Kartenmaterial: 33392903 © Tristan3D, S. 22
Kartenmaterial: 17287317 © cpauschert, S. 41

Wissenskurve/Kürsteiner, S. 32
Lernkurve/Kürsteiner, S. 33